O TESTAMENTO CONTEMPORÂNEO

O TESTAMENTO CONTEMPORÂNEO

ALDIVAN TORRES

Canary Of Joy

Contents

1 "O Testamento Contemporâneo"   1

I

"O Testamento Contemporâneo"

Aldivan Teixeira Torres

O TESTAMENTO CONTEMPORÂNEO

Autor: Aldivan Teixeira Torres
©2018-Aldivan Teixeira Torres
Todos os direitos reservados

Este livro, incluindo todas as suas partes, é protegido por Copyright e não pode ser reproduzido sem a permissão do autor, revendido ou transferido.

Aldivan Teixeira Torres, natural de Arcoverde-PE, é um escritor consolidado em vários gêneros. Até o momento tem títulos publicados em nove línguas. Desde cedo, sempre foi um amante da arte da escrita tendo consolidado uma carreira profissional a partir do segundo semestre de 2013. Espera com seus escritos contribuir para a cultura Pernambucana e Brasileira, despertando o prazer de ler naqueles que ainda não tenham o hábito. Sua missão é conquistar o coração de cada um dos seus leitores. Além da literatura, seus gostos principais são a música, as viagens, os amigos, a família e o próprio prazer de viver. "Pela literatura, igualdade, fraternidade, justiça, dignidade e honra do ser humano sempre" é o seu lema.

Dedicatória e agradecimentos

Dedico este livro a todos que buscam ardorosamente o conhecimento. Certamente, o Testamento contemporâneo há de acrescentar bastantes informações a vossa bagagem.

Agradeço ao meu bom Deus pela oportunidade de mais uma vez externar os seus ensinamentos para que o mundo todo o conheça. O pai é realmente maravilhoso.

SUMÁRIO

"O Testamento Contemporâneo"
O Testamento Contemporâneo
Dedicatória e agradecimentos
Advertência
A família, base de toda a sociedade
Família de sangue e de coração
Papel dos membros familiares
A importância duma orientação religiosa
Valores a serem cultuados
Regra
No trabalho
Dicas de Trabalho
Tópicos diversos
Buscando a dignidade e a honestidade
A fé e a incerteza do amanhã

A tolerância ás especificidades do outro
A luta pela união entre os povos
O desafio de viver num mundo de maldade e de mentiras
A violência urbana e rural
Quem sou eu?
A experiência da dor
Os momentos marcantes da minha vida
Vivendo a ética certa
O roubo
Está desiludido?
Materialismo versus Reino de Deus
A dualidade bemxmal
A misericórdia humana e a de Deus
O que Deus representa na sua vida?
A questão da invocação dos mortos
O triste fim de quem manipula a força das trevas
Por que a permissão de tantas coisas ruins no mundo?
Emprestar a Deus
Ser como a formiga
As coisas que Javé detesta
O legado do homem
O pecado da omissão
O salário do homem
Disciplinaxdesobediência
O justo permanecerá firme para sempre
O número de anos se mede pela justiça
A esperança em Javé
O valor da discrição
O importante papel de líder
A questão da fiança
O valor da beleza
Lutando por um objetivo
Lei do retorno
Como progredir na vida

Deus ajuda quem cedo madruga
Quem encontrará a Deus?
Até que ponto me amas?
Aprendendo com os erros
A vida feita de aparências
Uma decisão muito importante
Diga-me suas obras e te direi quem és
Não se iludir
Os bons e maus filhos
O que me move a prática do bem
O perigo do poder
Quanto você vale?
A árvore da vida
A boa resposta
A importância do planejamento
O fim do homem
O dia da justiça
O que me agrada
O homem faz seus projetos mas a resposta vem de Javé
Estou ou não agindo corretamente?
Por que nada dá certo em minha vida?
Eis que sou o início, meio e fim da coisas
A minha alma
A verdadeira felicidade
Uma reflexão
Eu sou seu guia
Vigiai
O que abomino
Eis que chamo meu filho
Saber compartilhar
O dom da palavra
Doçura, bondade e generosidade
Diga-me com quem andas e te direi quem és
O valor da experiência

O domínio de si mesmo
O destino
A minha escola
Caminhos para Deus
Mantenha-se firme
Conselhos
Eis que fiz todas as coisas
Saiba distinguir
Agressão
Pagar bem com o bem
Sempre te amarei
O desafio de conviver com rebeldes
A graça de Javé
Eis que te amo por toda a eternidade
O destino dos grupos
Animem-se
O suborno
Promessa
Saber escutar
Eu sou água profunda e torrencial
Minha força vem de Javé
Para os corações desesperados
Dar ou não dar o presente?
A sorte e o azar
Bom é estar bem
Eu sou o filho de Deus
Um conselho
Não há mal que dure
Relações sociais
Oração ao pai
O que deves fazer
O favor dos poderosos
O bom pai corrige o filho
Quem faz parte do meu rebanho?

Como saber se minha conduta é aprovada por Javé?
Onde está o homem fiel?
Não há ninguém maior do que eu
Todos são pecadores
Segredos
Maldito
O valor das promessas
Tudo na medida certa
Eu sou teu guia e fortaleza
O pão que não tinha
Na escola
Amizade é rara
Amores não correspondidos
O momento difícil e a ressurreição
O fiador
O pobre e o rico
O que buscar
O valor do conhecimento
O dia da desgraça
O futuro do justo
Não confundam as coisas
Eles mentem
Respeitem seus limites
A flecha lançada
Cumpram as promessas
Não envolva-se em problemas
Os peregrinos
Onde você estiver eu estarei contigo
Nenhuma separação é definitiva
O que procuro
Sou cidade fechada com muralhas
A honra do homem e de Javé
A maldição injusta
Não coloque-se em confusões

Não brinquem com o que não conhece
A máscara da maldade
Você me ama?
Com um beijo me traíste
Não reclamar da situação atual
Valorize suas raízes
Quem é meu próximo?
A quebra do coração puro
Como você pode me encontrar
Uma análise de vida
Alimente-se com o fruto do seu trabalho
Ser intrépido como leão
O meu reino
Eu nunca vos abandonarei
Eu sou dono de todo poder e sabedoria
A lei de Javé
A oração que desejo
Ai dos perversos
Eu vos darei tudo
Sejais realista e simples
Os juros
O peso do pecado
Defina-se
Viver a realidade
Dinheiro fácil
A crítica construtiva
Pais são sagrados
Reconhecer o necessitado
Evite a abominação sexual
Sejais firmes
O controle das forças opostas
O opressor e o oprimido
A minha confiança vem de Javé
Javé, eu sou pequeno

Doação e desprendimento tem limite
O caminho da águia no céu
O caminho das serpentes nas pedras
O caminho do navio em alto mar
O Caminho do homem com uma jovem
Eu quero o melhor para você
A desigualdade social no mundo
Somente o justo permanecerá
Eu te darei o dom da eternidade
O desprezo
Não queira tomar o lugar de ninguém
As minhas formigas apostolais
Ratazanas e as rochas
Eu sou o rei dos reis e senhor dos senhores
Um recado para quem usa as artes ocultas
Os meus me conhecem
Eu sou o leão de Davi
Conselhos de mãe para um rei(provérbios 31,1-9)
Os relacionamentos
Não se preocupem com coisas vãs
A felicidade vem de Javé
A morte corporal é o fim de todos
Pense apenas no reino eterno
A competição desmedida
A união faz a força
Não acomodar-se
Obedeçam
Um sábio conselho
Permaneça sério
Diante do impossível não desanimes
Quem vou escolher?
Separando as coisas
O futuro
As regras de ouro

Não blasfeme
Onde está minha felicidade?
Eu sou insondável
A importância da vida
Eu sou o encantador de cobras
Opressão do homem e misericórdia divina
A salvação divina quando menos se espera
Abominar a Omissão
A promessa divina
Saber discernir
Minha Missão
Do tenebroso abismo da escuridão chamei meu filho
Confiem mais em mim
Pragas do Egito
O Exterminador
Israel como exemplo para o mundo
Eu andarei contigo até o fim do mundo
O dia do sábado
Eu sou água e alimento vivos
Mãos levantadas
Os mandamentos
Eu não quero sangue humano
Eu me darei a conhecer
Meu nome é Justiça
O verdadeiro ato de generosidade
O sacrifício pelo pecado
O que é impuro?
A questão da doença
As formalidades rituais
As questões relacionadas ao sexo
Façam tudo na medida certa
A questão do homossexualismo
Os que estão na escuridão
Vivendo uma caridade contínua

Trate os outros como espera ser tratado
Uma relação sem condição
Eu prometo o meu apoio
Os justos possuirão a terra
Eu nunca vos abandonarei
Praticar o perdão
Direitos iguais
Eu vos amo
A confiança é que produz a vitória
Eu escolhi você
Eis que minha salvação se realizará
A verdadeira herança
A seriedade das promessas
Eu não quero mais guerras
O perigo das imagens
Tenha cuidado
Eu procuro o homem bom e fiel
Eu sou Deus
Não há meio termo
A questão da obediência
Eis o caminho da salvação
Não esquecer das suas origens
Ser exemplo
Respeitar a liberdade e crença de cada um
Socorra o pobre
Não se junte aos maus
Aja positivamente
Eis que estou no vosso meio
Respeite o direito do outro
O perigo da língua
Uma mensagem especial
Diante do pecado eu apenas choro
O amor tem que ser vivido de forma plena
Tenha consideração

Respeitar os bens do próximo
Os direitos fundamentais
O direito de ser feliz
Pratique a justiça
O direito á terra
Honre a memória
Não agrida o outro
Igualdade,liberdade e fraternidade
Saber ser grato
Seja fiel
As recompensas
O meu amor é maior do que tudo
Não se preocupem com o incompreensível
Circuncidem o coração de vocês
A quebra de confiança
As coisas que abomino
Quem me ama?
Eu sou fonte de vida
Não creiam em charlatões
Não alienar através da religião
Eu não sou um Deus de Guerras
Ser racional
O espírito de união
A vingança
O valor da experiência
Eu me manifesto na humildade
A intriga
O perigo do poder
O perigo do companheiro(a)traiçoeiro
Escolher a pessoa certa
O exemplo do sacerdócio
O projeto de Deus
Javé é soberano
Eu farei você triunfar

Nem todo o inferno poderá me derrotar
O amor não tem sexo
Quem ama protege e cuida
É possível recuperar-se?
A missão do homem
Ninguém engana a Javé
Não haverá mais injustiças
Como agir?
Um sinal
A perdição
Quem sou eu
Carta ao meu filho
A relação entre o fiel e seu Deus
Oração dos trinta
Um Deus compassivo
O modo de agir que Deus quer
O sangue humano
As duas prostitutas e o caso da disputa do menino(1 Reis,3,16-28)
Um templo para mim
A questão de sacrifícios de animais
Não há ninguém como eu
Uma promessa
Você tem valor
Onde está a fé?
Oração da Justiça
Do Egito chamei meu filho
Uma explicação
As guerras
Eu ainda creio
Tenha fé
A pequenez do homem
Não se entregue a malícia do inimigo
O leão de Davi
O justo não se perverte

Diga não a idolatria
Deus proverá
Uma pequenina luz em meios as trevas
O ser humano colhe exatamente o que plantou
Consulta aos espíritos do mal
Minha memória permanecerá para sempre
O valor da família
Eu transformarei sua vida
O milagre
A saúde
Tomar vantagem em nome do Senhor
Destino
O assassino
Aos governantes
O amor pode virar ódio
A descendência de cristo
Busque a verdadeira felicidade
Você crê?
Eu quero orar por você
Não sejam injustos
A lei verdadeira
A questão dos sacrifícios
Lembre-se sempre de mim

Advertência

Meu nome é Javé e sou o início, meio e fim de todas as coisas que existem. Por meio da minha palavra, os alicerces e as estruturas do universo tomaram forma transformando aquilo que era apenas um sonho em plena realidade. Meu trabalho criador nunca cessa, pois, a essência da vida é eterna.

A terra é um dos mais belos planetas com vida do universo. Semelhantemente a seu primogênito Kalenquer onde criei os anjos, coloquei nestes seres com inteligência de grau apurado com o objetivo de ordenamento do planeta. Estes seres chamam-se homens e foram criados a minha imagem e semelhança.

Durante a era humana, sempre enviei profetas em meu nome para advertir, organizar e liderar meus fiéis no planeta. Entretanto, em sua maioria, eles foram rejeitados neste mundo em que a maldade impera.

Esta é a minha última tentativa de reconciliação com a humanidade que se permanecer rebelde sofrerá as devidas consequências abreviando-se o tempo para chegada do apocalipse em dois terços.

Portanto,vigia,orai e escutai meu filho que mais uma vez dignou-se visitar a terra.A ele toda honra,glória e adoração sempre,amém !

A família,base de toda a sociedade

Ninguém nasce em chocadeira.Todos provêm de um homem e de uma mulher e são acolhidos no seio de uma família.Tem sido assim desde o início dos tempos.A importância do grupo familiar reflete-se na vida pessoal de cada um.Se temos uma boa base familiar com valores solidificados temos grande chance de sermos bons pais,filhos,irmãos,colegas de trabalho,enfim,sermos gente de verdade.

Como pode ser definido o grupo familiar atual?Uma família é um conjunto de pessoas com personalidades e objetivos afins não necessariamente precisam ser do mesmo sangue.Podem ser incluídos nestes grupos,além dum casal heterossexual,casais homossexuais,solteiros com filhos,parentes em convivência e até comunidades de amigos.Família é tudo de bom e são aqueles que realmente nós podemos contar nos momentos difíceis.

As crianças são uma parte delicada da família.Os adultos devem esforçar-se para criar neles um vínculo afetivo de tal forma que eles lhe obedeçam.Evitem as más influências para seus filhos e os protejam da violência e da criminalidade.Traumas surgidos na infância geralmente perpetuam-se pela vida inteira.

Criar laços e fortalecer os já existentes com as pessoas mais próximas trazem mais felicidade e segurança ao ser humano.Valorize quem está ao seu lado por toda a vida e supere as diferenças afim de uma convivência agradável.Seja feliz.

Família de sangue e de coração:Há casos relatados de maus-tratos entre familiares e rejeição.Muitas vezes a separação é inevitável e o ser humano descobre um maior apoio no meio de estranhos .A família de coração,aquela que te aceita como você é,deve ser valorizada como uma consangüínea.Agradeça se achar estes anjos na terra.

Papel dos membros familiares: Uma família é um grupo social com regras definidas entre seus membros.Os pais e filhos maiores tem a obrigação de prover o sustento e a orientação dos filhos menores enquanto estes tem que ser obedientes,prestativos e dedicar-se aos estudos.É uma troca mútua.Se houver um rompimento deste contrato,as coisas podem ficar insustentáveis.

A importância duma orientação religiosa: Desde jovens,as crianças devem ser orientadas quanto as matrizes religiosas existentes.O fato dos pais serem de determinada religião não lhes dá direito de impor sua vontade a seus filhos.Respeitar a autonomia e o livre arbítrio destes seres pequeninos é um exercício essencial para uma boa relação.Independente da decisão deles,o amor não vai mudar.

Valores a serem cultuados: humanidade, fidelidade, lealdade, sinceridade, temor a Deus, amor, sabedoria, cooperação, união, respeito,dignidade,companheirismo,tolerância,liberdadade,evolução,coragem,fé e esperança.

Regras: Limpar a casa,acordar cedo,cozinhar,lavar os pratos,arrumar o quarto,ler um bom livro,cumprimentar os outros,comportar-se nas refeições,pedir licença ao sai e entrar de ambientes,avisar quando for sair,ouvir uma boa música relaxante,trabalhar,fazer o bem, conversar, dar conselhos, orientar,estudar,compartilhar objetos de uso comum,receber bem as visitas,eticetra.

No trabalho

Karamandu é um jovem quilombola que recentemente mudou para São Paulo.Oriundo do interior da Bahia,mais especificamente de Porto

Seguro,nunca pensou que a vida na principal capital do país fosse tão dinâmica.Ele alugara um apartamento a cerca de oitenta quilômetros do trabalho pois ficava mais em conta.No trajeto casa-trabalho pegava três conduções e contando com os intervalos perdia quatro horas diárias,ida e volta.Ao chegar ao trabalho,numa metalúrgica,mal tinha tempo de conversar com os colegas devido a sua complexidade de funções e o excesso de trabalho.Este ciclo de rotina repetia-se também nas horas vagas e nos finais de semana quando saía de casa com a esposa.Na capital e nos arredores,a vida era muito mecânica o que distanciava as pessoas diferentemente de sua vida interiorana.

O motivo pelo qual se mudara para o sudeste do país foi a crise interna do mercado de trabalho de seu estado.O fato de ter pouco estudo também contribuíra para isso.A única saída foi viajar a convite de um de seus primos paulistanos os quais facilitaram-lhe a colocação empregatícia.

Contando com sua experiência quando começou a trabalhar,completando dez anos,a adaptação ao novo trabalho foi ocorrendo naturalmente.O segredo para ele e para qualquer profissão é estar atento as novas tendências,saber tratar as pessoas de escalões superiores e inferiores,ser assíduo,ser pontual,ser flexível,ser responsável,gentil e educado,não reclamar das horas extras quando necessárias,trabalhar com espírito de equipe,ter ambição e novas ideias.O homem só é digno quando trabalha e esforça-se para fazer deste mundo um ambiente melhor.Ele só tende a crescer.

A vida em qualquer lugar no mundo é difícil mas tendo o mesmo espírito guerreiro de Karamandu,as coisas podem acontecer verdadeiramente.O que não se pode é ter medo de arriscar ou de pelo menos tentar.Mesmo agora morando numa metrópole,ele nunca se esquecera do seu pedacinho de chão na Bahia e de sua família que ficara por lá.Suas origens lhe dão orgulho.

Internamente,ele solicita que dê tudo certo,ter seus filhos,envelhecer na capital mas tem projeto de quando aposentar ter uma vida sossegada,deixando seus prováveis filhos na capital e retornando para o seu nordeste.Afinal,tem um tempo que o ser humano tem que descansar e aproveitar melhor a vida.Bem,estamos torcendo pelo seu sucesso e felicidade em seus projetos.

Dicas de Trabalho:*Relacionamento com chefes*:Trate seu chefe sempre com respeito,atenção e escute seus conselhos .Tê-lo como aliado é fundamental para seu futuro na empresa.Na hora da bronca,tente controlar-se e não queira ser o senhor da razão.Se não agüentar as críticas,você tem que repensar seus planos e se quer ser mesmo um empregado.

Nunca falte as reuniões e compromissos de trabalho a não ser com uma justificativa séria.Lembre-se da importância do trabalho em ser sua fonte de rendimento talvez por uma vida toda.

Não confie demais em companheiros de trabalho pois irá decepcionar-se.Não entregue sua amizade a qualquer um,saiba separar as coisas.Amigos você faz na vida e no trabalho geralmente só encontras colegas.

Tenha cuidado com os fuxiqueiros pois eles não pensarão duas vezes em entregar você ao chefe por qualquer motivo banal.Este tipo de pessoa só quer ganhar pontos com os superiores ás suas custas e não merece nenhum tipo de consideração.Ignore-os e fique longe deles.

Saiba reconhecer seu papel na empresa.O empregado tem que fazer jus a seu salário dedicando-se em seu horário de trabalho integralmente em suas funções.Procure não acessar a internet,redes sociais,celular,visitas freqüentes de parentes,conhecidos.Tudo isto é motivo de distração e dependendo da gravidade de demissão.

No momento sagrado de férias,esqueça por completo sua obrigação.Viaje,leia bastante,saia com amigos,dê uma maior atenção a filhos e a esposa(o),pegue um cinema,um teatro,um jogo de futebol ou qualquer outro esporte,enfim,distraia-se bastante pois é seu direito.Na volta,estará com forças renovadas.

Tenha sempre uma boa rede de contatos.Em caso de desemprego,terá a quem recorrer.

Aproxime-se de sua família e tenha uma boa relação com eles.São aqueles com quem realmente pode-se contar em momentos de aperto.

"Vale mais um amigo na praça do que dinheiro na caixa."Este sábio ditado nos orienta a ficar sempre ao lado de quem temos afinidade.Valorize as mãos amigas que sempre te acolhem.

No trabalho,só saia mais cedo com justificativa.Não queira aproveitar-se da boa vontade de seu chefe para trabalhar menos horas.Justifique seu salário,o investimento pessoal e a confiança os quais depositaram em você.

Nunca chegue ao trabalho bêbado ou drogado.Aliás,não use estas coisas.Tenha por convicção que manter uma vida saudável é o melhor para si mesmo.

Sempre que puder ,compareça aos eventos de confraternização com os colegas de trabalho.É uma forma de estreitar as relações conhecendo melhor o outro.

Enfim,faça de tal forma que o trabalho seja uma atividade prazerosa e que lhe faça crescer como profissional e como pessoa.Galgue os degraus da hierarquia pouco a pouco.A você,trabalhador,meu respeito.Que façamos deste país o país do presente e do futuro.

Tópicos diversos

1. **Amor:**Tudo o que existe e o que vier a existir provém do infinito amor de Yaveh.Ele ajustou as estruturas do universo de forma que todas suas criaturas fossem o reflexo dele unindo-se umas ás outras através deste sentimento.O amor é sem dúvida a força mais poderosa que existe capaz de criar mundos,afagar a alma e realizar milagres.Um exemplo disso foram todas as forças do bem enviadas aos universos em evolução com o intuito de transformar relações.No exemplo conhecido da terra,vemos a figura de Jesus,o bom pastor que dá tudo por seus servos e os exemplos das mães,espelhos de Maria de Nazaré,amor sem igual junto a seus filhos.Este é o amor espiritual.

O amor carnal é o que ocorre entre um homem e uma mulher por exemplo.Há ainda os amores plenos,carnal e espiritual,e os que vivenciam isto estão num grau mais elevado espiritualmente falando.São chamados de filho de Javé.Temos também a paixão e parceria as quais produzem também um sentimento forte.Independente da forma,o amor é muito belo e felizes aqueles que o experimentam.As pessoas secas de amor não produzem frutos e seu destino não é bom.Logo,ame sem reservas.

1.1)Tudo é perdoado a quem muito amou:"*Um dos fariseus convidou-o para jantar com ele. Jesus, entrando na casa do fariseu, tomou lugar à mesa. Havia na cidade uma mulher que era pecadora; ela, sabendo que ele estava jantando na casa do fariseu, trouxe um vaso de* alabastro *com perfume e,pondo-se-lhe aos pés, chorando, começou a regá-los com lágrimas, e os enxugava com os cabelos da sua cabeça, e beijava-lhe os pés e ungia-os com o perfume. Ao ver isto, o fariseu que o convidara, dizia consigo:* Se este homem fosse profeta, saberia quem é a que o toca e que sorte de mulher é, pois é uma pecadora. *Disse Jesus ao fariseu:* Simão, tenho uma coisa para te dizer. *Ele respondeu:* Dize-a, Mestre. Certo credor tinha dois devedores: um lhe devia quinhentos denários, e o outro cinqüenta. Não tendo nenhum dos dois com que pagar, perdoou a dívida a ambos. Qual deles, portanto, o amará mais? *Respondeu Simão:* Suponho que aquele a quem mais perdoou. *Replicou-lhe:* Julgaste bem. *Virando-se para a mulher, disse a Simão:* Vês esta mulher? Entrei em tua casa, e não me deste água para os pés; Ela ,porém,banhou meus pés com lágrimas e os enxugou com os seus cabelos. Não me deste ósculo; ela, porém, desde que entrei, não cessou de beijar-me os pés. Não ungiste a minha cabeça com óleo, mas esta com perfume ungiu os meus pés. Por isso te digo: Perdoados lhe são os seus pecados, que são muitos, porque ela muito amou; mas aquele a quem pouco se perdoa, pouco ama. *Disse à mulher:* Perdoados são os teus pecados. *Os que estavam com ele à mesa, começaram a dizer consigo mesmos:* Quem é este que até perdoa pecados? *Mas Jesus disse à mulher:* A tua fé te salvou; vai-te em paz."(Lucas 7,36-50)

Esta parábola de Jesus reflete bem a realidade humana.Todos,a exceção dos filhos de Deus,são pecadores e devem prestar contas de suas falhas ao criador.Ainda que o pecado humano seja como escarlate,há a possibilidade de perdão e misericórdia divinas.Como seria isto possível?Jesus dá o exemplo da mulher dedicada que não mede esforços para agradá-lo. Assim será também no julgamento. Aqueles que em vida reconhecerem-se pecadores e esforçarem-se através de atos, palavras e obras por uma reconciliação serão liberados de suas dívidas. Porque muito se perdoa a quem realmente amou.

1.2) O amor como renúncia e sofrimento: Num relacionamento entre amigos, familiares, entre Deus e a humanidade, e entre dois parceiros(a), é muito fácil dizer que se ama. Muitos nem sabem verdadeiramente a força do que realmente dizem. Quem ama de verdade cuida, dedica-se, acompanha, orienta, sabe demonstrar aquilo que sente nos momentos propícios, sofre pelo outro e até renuncia ao seu amor próprio afastando-se definitivamente visando o bem da pessoa. Esta renúncia do outro é a decisão mais dolorosa a ser feita, porém, realmente necessária em determinados casos. Exemplos disso são a entrega de Jesus na cruz por todos nós, a renúncias dos pais a um filho rebelde, uma separação entre um casal. Nestas ocasiões, a distância e o tempo ensinam bastante e solidificam o sentimento ou o adormecem. Contudo, ele sempre existirá, sendo verdadeiro. Amar com entrega demonstram o quanto amas o outro.

1.3) O amor demonstrado através de ações: Bem diz o ditado que de boas intenções, o inferno está cheio. Isto aplica-se exatamente ao amor, o qual deve ser demonstrado em atitudes. Dar um conselho, ajudar financeiramente, ser cavalheiro, abraçar, guardar segredos, compartilhar de seus bens, cooperar para o bem, proteger o próximo e entregar-se pelo outro são alguns exemplos disso. Devemos provar o nosso sentimento para que ele seja pleno gerando confiança, parceria e fidelidade mútuas. Amor a toda prova.

1.4) Não desistir do amor frente a uma decepção: A todo o momento, neste mundo, nossos sentimentos são postos a prova. Muitas vezes, o outro não corresponde ás expectativas que criamos em torno dele(a) pois o amor quando é forte nos torna cegos. Com a convivência é que os defeitos do outrem vão aparecendo e colocando uma pá de areia em nossos planos. Chega então um momento em que não é mais possível continuar com a relação gerando muitas vezes um trauma sério. A pessoa ferida desacredita do amor e perde a fé nas outras pessoas. Nesta hora,muita calma,ainda não é o fim.Há vários motivos para continuar vivendo e tentar buscar a felicidade.Primeiramente,ninguém é igual a ninguém.Quem sabe não encontres alguém legal(Não perfeito) com quem possa compartilhar bons momentos.Isto é raro nos dias de hoje mas não é impossível.Segundo,a felicidade tem que vir de dentro para fora.Uma pessoa com valores,uma crença,uma boa base familiar e uma ocupação é plenamente capacitada para ser feliz por si só.O outro será apenas uma extensão de sua própria fortuna.Um complemento por assim dizer.Quando tomamos a intrínseca decisão de sermos felizes o universo conspira para isso.Lembre-se sempre:"**Aconteça o que acontecer,nunca desista de si mesmo."**

*1.5)***O amor como pretexto para burlar regras**:A maioria das pessoas já passou por situações em que o outro utiliza-se do amor como argumento para realizar determinadas ações.Por exemplo,numa crise de ciúmes bater,espancar ou até matar um rival,enganar para ser aceito,roubar para parecer rico,impedir a liberdade do outro,perseguir ao término de um relacionamento,fiscalizar e fazer questão sempre de sua presença.Este tipo de sentimento pode ser chamado de qualquer coisa menos de amor,pode crer.**Segundo 1 Cor 13,o amor é paciente,prestativo,não é invejoso,não é orgulhoso,não é arrogante.Não faz nada de inconveniente,não procura seus próprios interesses,não se irrita,não guarda rancor.Não se alegra com a injustiça mas se rejubila com a verdade.Tudo desculpa,tudo crê,tudo espera,tudo suporta.O amor jamais acabará.**

*1.6)*O amor secreto:Já pensou quantas pessoas encontramos na vida?Muitas não?Temos relações sociais na família,no trabalho,em nosso bairro e até em nossa cidade e municípios vizinhos.Denominamos este tipo de relação como constante e duradoura.Temos ainda outras relações sociais:Encontro com pessoas em viagens,amizade virtual na internet,celular,eticetra.Denominamos esta relação como virtual.Em ambos os casos,suscitamos nos outros vários sentimentos interessantes entre eles quem sabe um amor platônico.Sem que saibamos,somos protegidos continuamente por estes anjos humanos que nos socorrem continuamente.Neste caso,o amor secreto é tão saudável quanto um aberto e ao descobri-lo podemos experimentar uma sensação única de bem-aventurança.Felizes aqueles que amam e são amados pois é deles o reino dos céus.

1.7)As etapas até chegar ao amor pleno: Em primeiro lugar,quando conhecemos uma pessoa,o que nos chama a atenção é a estética ou comumente chamada de atração física.Neste momento,pouco se sabe sobre o outro em relações a gosto e valores.Os que acreditam em amor á primeira vista são românticos e idealistas pois pela minha experiência não dá para amar alguém num primeiro momento.Despertando o nosso interesse,começamos pouco a pouco a investigar o nosso alvo:Com quem vive,em que trabalha,se é casado(a) ou solteiro(a),costumes e se tivermos a oportunidade de ter uma aproximação conversamos e caso percebamos que o interesse é mútuo troca-se contatos .Daí surgem novos encontros e uma conversa a dois.Inicia-se então o namoro.Neste etapa,há um maior contato entre o casal onde conhecemos profundamente os defeitos e as qualidades do outro.Se o interesse mútuo persistir o relacionamento evolui para um noivado ou quem sabe até um casamento duradouro.Aí sim quando se tem dois ou três anos de convivência e já temos intimidade suficiente com a pessoa podemos dizer se amamos ou não com mais firmeza e certeza.Pode-se evoluir ainda mais este sentimento e tornar-se-á um amor pleno.

1.8)Implicações do amor:O Amor é um sentimento profundo e surpreendente.Ele vem do fundo de nossa alma e aflora no meio natural.Amar pode ser tido como um ato de coragem,de fé e de esperança.Não se escolhe amar a quem,nem quando nem onde.Simplesmente acontece.A estas bem-aventuradas criaturas,capazes de sentir e entender este sublime sentimento,implica-se várias questões:Primeiro,não se pode esperar a reciprocidade ou a mesma intensidade no outro,entenda que cada um é um mundo e com percepções distintas das suas.Segundo,o amor é como uma planta,tem que ser cultivada todo dia para que possa Dar frutos e não morrer.Quem ama,cuida.A distância pode ajudar em alguns momentos ruins quando cada um tem a oportunidade de pensar em si mesmo e na relação.Quando fica a lembrança dos bons momentos,é porque o sentimento é verdadeiro.Terceiro,prepare-se para ter dificuldades de convivência e não espere concordar ou combinar em tudo com seu parceiro(a).Amar não quer dizer o abandono de sua própria individualidade.Quarto,não tenha ciúme excessivo,deixe seu parceiro(a) ter a liberdade necessária para ser uma pessoa autônoma.Pratique o exercício da confiança e caso sejas traído está na hora de repensar a relação e se você está com a pessoa certa.Quinto,mantenha o diálogo constante e o respeito.Sem estes,o amor está fadado a acabar.Por último,viva este momento como único e como se não houvesse outro.Viva o presente sem preconceitos tendo apenas sentidos abertos para a pessoa amada.Vale muito a pena.

1.9)O que somos capazes pela pessoa amada?

Eu vivi o amor intensamente pelo menos que me lembre umas três vezes.Um amor verdadeiro,puro,imaculado.Estas três pessoas as quais me despertaram isto eu agradeço imensamente.Ao amar,senti-me completo,alegre,transcendi os limites espaços-temporais.De alguma forma,estes seres humanos souberam o que senti e renunciaram ao contato físico.Mesmo assim,o amor não se tornou menor,pelo menos da minha parte.O que eu faria por elas?Eu entregaria corpo e alma para salvá-las caso estivessem em perigo,eu seria a brisa fina nos tempos de calor,eu seria seu escudo contra a maldade e perversidade humanas,eu seria a pessoa que estiraria a mão para ajudar em problemas financeiros,familiares e de relacionamento,eu seria aquela pessoa que incentivaria seus sonhos e lutaria também por eles,eu compartilharia os bons e maus momentos caso fosse aceito,eu pentearia seus cabelos,cortaria suas unhas,lhe daria um beijo e um abraço ao acordar,dormiria juntinho agarradinho ao seu peito,eu compreenderia seus momentos de mau humor,eu aceitaria seus defeitos e qualidades,me entregaria completamente no momento do sexo.Isto sim é amor de verdade e não o que muitos pensam que é.

1.10)Conclusão sobre o amor

Assim diz Javé,senhor dos espíritos,o todo-poderoso:"Aproveite cada instante da vida sua para fazer o bem perpetuando o amor pois você não sabe ainda quanto tempo há de viver na terra.Quantas vezes você não quis chegar perto daquela pessoa especial ,abraçá-la,beijá-la e dizer que a ama?Se não o fez até agora,decida-se.Esqueça o preconceito,o medo e arrisque.Não perderás nada em tentar,ao contrário ganharás experiência.

O sentido da criação é que amem uns aos outros sem reservas,aqueles que fazem isso são verdadeiramente meus filhos.Da minha parte,terão minha bênção e proteção em todos os momentos da vida.Sejam mais humanos.

Buscando a dignidade e a honestidade

Somos seres pensantes e prontos para evoluir infinitamente.Mesmo que a realidade atual seja catastrófica:inversão de valores,violência,falta de segurança,falta de respeito dentro da família e na sociedade em geral,com um preconceito crescente e uma maldade que não tem nome,eu e meu pai acreditamos ainda no ser humano.

Eu esperarei até o fim por uma reconciliação com a humanidade que eu mesmo criei quando eu era uma parte de Deus em tempos remotos.Desde o princípio,eu já sabia as conseqüências da criação mas em nenhum momento eu me arrependi.Meu nome é amor,doação,caridade,benignidade e queria dividir minha felicidade com outros seres.O livre arbítrio foi minha melhor escolha pois possibilitou aos anjos e aos seres humanos andar com suas próprias pernas.Aos fiéis e crentes eu destino a felicidade e aos insensatos,a perdição por merecimento.Não faço isso por excessiva justiça ou rigidez .Eu o faço pela lógica planta-colheita.

"Ainda que as folhas e as árvores caiam eu sempre existirei pois meu nome é eterno".

A fé e a incerteza do amanhã

O mundo moderno é muito dinâmico:O que uma coisa é hoje poderá deixar de ser no futuro continuamente.Estas voltas da vida tão comuns ás vezes tem conseqüências simplesmente inesperáveis a exemplo duma situação financeira,da reconciliação dum amor, a perda dum ente querido,doenças,limitações,prêmios,boas e más experiências,separações,traições,declarações e a felicidade alcançada.

Durante todo este curto trajeto que é nossa vida o mais importante de tudo é nunca deixar de batalhar,de persistir ou ter fé.O que é para ser nosso virá por merecimento e nada poderá nos tirar este direito.Não teremos mais ou menos do que o merecido e sim o justo.Nunca queira espelhar-se em ninguém porque cada um tem sua própria história.

Minha vida é um grande exemplo de tudo do que afirmei anteriormente.Por ser de origem pobre,sempre tive que ter um esforço a mais nas minhas batalhas.O caminho mostrou-se complicado.O que me movia era uma força interior desconhecida que me incentivava a continuar tentando percorrer as vias do sucesso.O ápice disto foi passar num concurso federal e retomar uma literatura esquecida há dois anos.

Ainda não estou plenamente realizado.Porém,tudo encaminha-se para um sucesso cada vez maior e mais sólido.Viva a persistência e minha crença no Deus vivente,com ele o impossível pode tornar-se possível.

A tolerância ás especificidades do outro

Eu,meu pai e meus irmãos do bem somos seres superiores.Em conseqüência,agimos diferente da mente frágil humana das pessoas.A primeira coisa que nos distingue é o amor sem medida á criação humana.Independente do pecado das pessoas, nós nunca os abandonamos em nenhuma situação.Muitas delas só lembram que nós existimos nos momentos de angústia e aflição e não valorizam o pão e as graças que derramamos dia após dia em suas vidas.Quanta ingratidão da parte delas.

Em contraponto a isto,somos capazes de esquecer isso a uma mínima centelha de esperança de reconciliação.Nós queremos que todos se salvem.Contudo,a realidade é que poucos alcançam isto.Hoje em dia,é comum a violência,a maldade,a inveja,pessoas enganando as outras em redes sociais e chats,a traição, o sucesso a todo custo,a falta de princípios,a corrupção em geral,o roubo,a desilusão,o apego ao material e a falta de compromisso.O conjunto destes fatores coloca a alma humana em frangalhos e jogada num abismo sem fundo.Nem mesmo a maior fé é capaz de reverter este estado.

Outra coisas que nos distinguem é nosso poder,bondade,perdão,misericórdia e principalmente o nosso respeito ao outro.Todo ser humano é digno de consideração independente de idade,credo,etnia,cor,posição financeira,opção sexual,política ou esportiva.O que medimos é o seu coração,a pureza dos seus atos,valores e crenças.Mesmo que discordemos de alguns posicionamentos humanos,isto não é motivo de exclusão ou desamor de nossa parte.Ao contrário,nos aproximamos mais para ganharmos aquela alma.

Nós somos Deus e isto não é comparável a nenhum ser vivente.Creiam mais em meu nome e no do meu pai.

A luta pela união entre os povos

Desde que criamos o mundo,eu e meu pai temos um sonho:Unir a humanidade de tal forma que todos caminhem de mãos dadas num ambiente de cooperação e adoração ás coisas do bem.Na realidade atual,isto é bastante utópico visto que,muitas vezes,até uma pequena unidade familiar destrói-se e enche-se de divergências.

Pela própria natureza humana,as pessoas discutem,tem opiniões contrárias,acham-se donas da razão,não querem dar o braço a torcer e não reconhecem a primazia de Deus.Como Javé,eu prometo aqueles que entregarem sua vida a mim uma mudança completa de espírito de tal forma que ela não será a mesma.Terá uma alma elevada e generosa.

Prometo também aos meus seguidores uma completa realização na terra e no pós-morte.No reino que há de vir preparado pelo meu pai,terão acesso a pão e mel de tal forma que não terão sede ou fome.Neste dia,todo joelho se dobrará e cantará glória ao pequeno sertanejo que conquistará o mundo.

Minha homenagem a todos que direta ou indiretamente contribuíram neste mundo para uma mudança de valores.Eu vou seguir este caminho com a paz e glória de Deus.Que assim seja!

O desafio de viver num mundo de maldade e de mentiras

A terra é ainda um planeta em evolução comumente chamado de mundo de expiação e provas na visão espírita .É notória a inferioridade das pessoas que buscam os seus fins próprios como meios de prazer.

Não raro enfrentamos riscos,decepções,traições,egoísmos,falta de amor e violência.A maldade impera neste mundo fazendo os escolhidos para o meu reino de vítimas.O que fazer diante desta realidade nua e crua?

Ao provar do veneno,devemos oferecer o antídoto para estas situações.Nossa maior força é o amor sem medidas,a nossa fé no meu pai e em mim,a nossa atitude singular diante da vida.Precisamos ser a exceção das exceções,disseminando o bem onde quer que se vá e a todo custo pois quem deseja preservar sua vida vai perdê-la e quem a perder por amor ao meu nome irá achá-la.

O homem de Javé é facilmente notado no meio da multidão pelas suas atitudes.Tem uma visão otimista do futuro,está disposto a ouvir o outro e ajudá-lo da melhor forma possível.Possui também um comprometimento com a missão levando a palavra do criador para os pobres de espírito.Por sua ação,terá a felicidade e o descanso eterno no meu reino.Lembre-se que só temos acesso a ele por merecimento,é preciso para os humanos mais doação e desprendimento.

A violência urbana e rural

Vivemos num ambiente perigoso de maldições e pessoas inescrupulosas.São poucas as pessoas em quem realmente podemos confiar.Como agir na realidade atual?Devemos ter poucas e duradouras relações.Experimente a pessoa antes de confiar nela.Em caso de sucesso,aproveite pois isto é uma raridade.

Das outras pessoas,tente manter uma distância respeitável.Em hipótese nenhuma,saia com estranhos pois não sabemos o que podemos encontrar.Hoje em dia são muito comuns os casos de assassinato,estupro e seqüestro.Cuidado com o poder de comunicação das redes sociais e não caia em armadilhas.

Na cidade e no campo,a criminalidade vem crescendo exponencialmente e não há ninguém a salvo completamente dela.Ao sair,procure não chamar a atenção com vestuário de marca ou carros luxuosos.Seja simples e prudente como as pombas.Em casa,tome as medidas preventivas de segurança necessárias para evitar roubos.Só receba parente ou conhecidos.

Além disso,acima de tudo,procure ter um enfoque na vida religiosa.Com a força da fé é possível alcançar milagres e livramentos.Eu vou ensinar-lhes uma oração para ser lida á noite,quem rezar com fé eu prometo que nenhum mal há de lhe acontecer.Vocês devem rezar assim:"Senhor Javé eu vos peço a sua proteção por inteiro.Proteja-me nos caminhos,nas viagens,de assaltos,de seqüestros,dos espíritos malignos,das cobras e feras espirituais,dos trabalhos satânicos e da magia negra.Que as portas do inferno não se aproximem,não prevaleçam e nem me derrotem.Enfim,pelo teu sangue e tua cruz,proteja-me de todo e qualquer tipo de mal.Amém."

Quem sou eu?

1-Como foi sua história até o caminho das letras?

R-.Meu sonho na literatura iniciou-se ainda bem jovem, na minha adolescência.A fundação Possidônio Tenório de Brito abriu uma boa biblioteca em minha comunidade e dividindo meu tempo na escola,o trabalho na roça e a leitura passava meus dias.Perdi a conta de quantas coleções de livros eu devorei nesta época.Ser leitor era mesmo um barato mas eu queria mais.Cresci neste mundo de sonhos com saúde.Já na idade adulta em 2006 quando um problema relativamente grave de saúde debilitou-me a ponto de eu sentir-me incapaz a literatura foi uma válvula de escape para que eu pudesse aos poucos me libertar dos meus demônios internos.Nesta época,escrevi um pequeno livro em algumas folhas de rascunho.Nesta época,era impensável para mim ter um computador devido as minhas condições desfavoráveis.Não era aquele o meu momento.Guardei meus rascunhos para uma data posterior.Em 2007,comecei a digitar meu livro nos intervalos do trabalho guardando-o no disquete.Tive tanta má sorte que o disquete queimou.Iniciei o curso de licenciatura em Matemática e mais uma vez deixei meu sonho de lado.Terminei o ensino superior em 2010 e no ano seguinte comprei meu primeiro notebook.Nesta época,já tinha escrito o meu primeiro romance e priorizei sua digitação.Lancei ele neste mesmo ano.Realizara meu sonho de ser autor publicado muito embora minha situação financeira fosse ainda catastrófica.Parei novamente com meu sonho.No momento que já não esperava mais,passei num concurso público e retomei a literatura no fim de 2013.Escrevi muitos outros livros e lancei outros.Através do site Babelcube,já sou publicado nas línguas portuguesa,italiana,inglesa,francesa e espanhola.Escrevo de tudo:Romances,poesia,religioso,auto-ajuda,sabedoria,contos,eticetra. Só de sentir o prazer de que leitores de outros países leiam meus escritos já valeu a pena todo o meu esforço.O meu objetivo na literatura vai além do dinheiro,como renda tenho meu emprego.É partilhar conceitos,transformar e criar novos mundos,é tocar pessoas e fazê-las mais humanas numa cultura de paz.É acreditar que mesmo enfrentando a labuta normal,problemas que todo mundo tem eu posso sonhar com dias melhores.A literatura me transformou por completo e todos ao meu redor.Devo tudo a meu Deus grandioso que sempre me apóia.Eu continuarei meu caminho com fé no coração e imortalizando este dom de Deus para sempre.Por isto, meus leitores,nunca desistam de seus sonhos.Você são capazes!

2-Quais os valores que você aprendeu com seus pais biológicos e espiritual e que carregas como bandeira,disseminando-os pelo mundo?

R-Em resumo,são trinta os mandamentos para aqueles que almejam entrar no reino do meu pai.

1. Amar a Deus sobre todas as coisas,a si mesmo e aos outros.

2. Não ter ídolos terrestres ou celestes, Javé é o único digno de adoração.
3. Não pronunciar o santo nome de Deus em vão ou tentá-lo; Também não atormentar aqueles que já se foram os invocando.
4. Reservar pelo menos um dia da semana para o descanso, preferencialmente no sábado.
5. Honrar pai, mãe e familiares.
6. Não matar, não ferir o próximo fisicamente ou verbalmente.
7. Não adulterar, não praticar a pedofilia, a zoofilia, o incesto e outras perversões sexuais.
8. Não roubar, não trapacear no jogo ou na vida.
9. Não dê falso testemunho, calúnia, difamação, não minta.
10. Não cobice ou inveje os bens do próximo. Trabalhe para alcançar seus próprios objetivos.
11. Seja simples e humilde.
12. Pratique a honradez, a dignidade e a lealdade.
13. Nas relações familiares, sociais e de trabalho seja sempre responsável, eficiente e assíduo.
14. Evite esportes violentos e o vício no jogo.
15. Não consuma qualquer tipo de droga:
16. Não aproveite de sua posição para derramar sua frustração no outro. Respeite o subordinado e o superior em suas relações.
17. Não tenha preconceito com ninguém, aceite o diferente e seja mais tolerante.
18. Não julgue e não será julgado.
19. Não seja fuxiqueiro e dê mais valor a uma amizade pois se age assim as pessoas vão afastar-se de você.
20. Não deseje o mal do próximo nem queira fazer justiça com as próprias mãos. Existem os órgãos próprios para isso.
21. Não procure o diabo para consultar o futuro ou fazer trabalhos contra o próximo. Lembre-se que para tudo existe um preço.
22. Saiba perdoar pois quem não perdoa o próximo não merece o perdão de Deus.
23. Pratique a caridade pois ela redime os pecados.

24. Ajude ou conforte os doentes e desesperados.
25. Reze diariamente por você, sua família e pelos outros.
26. Permaneça com fé e esperança em Javé independente da situação.
27. Divida seu tempo entre trabalho, lazer e família proporcionalmente.
28. Trabalhe para ser merecedor do sucesso e felicidade.
29. Não queira ser um Deus extrapolando seus limites.
30. Pratique sempre a justiça e a misericórdia.

Nestes mandamentos residem meu amor, minha graça e a do meu pai.

3)Quais são seus gostos?

R:Amizade,cooperação,solidariedade,dignidade,fé,amor,compreensão,perdão e tolerância.

4-O que a literatura representa para você?

R-A literatura é a minha forma de expressar minhas idéias para o mundo.Como dito antes,surgiu num momento difícil da minha vida sendo usada como válvula de escape.Hoje,posso dizer que a literatura salvou-me.

5-De onde surgiu a idéia do "Vidente"?

R- Surgiu naturalmente.Em 2007,eu tinha escrito meu primeiro livro e tinha sido rejeitado pela editora.Foi o meu primeiro grande fracasso.Desesperado,eu procurava entender qual caminho seguir quando as forças da luz agiram e revelaram-me meu futuro.Eu ia ser "O vidente",o cara mais respeitado da literatura.Nada fazia sentido naquele momento.Anos depois,com o desenvolvimento do meu dom e a escrita de romances o apelido vidente pegou e deu nome a minha série.Também sou conhecido como Divinha ou filho de Deus.

6-O que cada livro representa para você,como autor?

R-Eu sou muito feliz e considero-me um ser inspirado pelas forças divinas.Cada linha que escrevo é importante neste processo de amadurecimento e comunhão com a força do bem.Absolutamente nada é por acaso.Todos os meus livros são filhos meus e de Javé.

7-Como é sua rotina?Sempre dá para escrever?

R- Sou um homem muito ocupado.Tenho meu trabalho com que sustento minha família,compromissos sociais,viagens,casa e eticetra.Nem sempre dá para manter a regularidade na escrita mas sempre que posso escrevo.Eu amo a literatura.É uma missão para mim.

8-O que diz sua família?Eles te apóiam?

R- Este é um ponto doloroso na minha vida.Meus familiares sempre fazem comentários negativos sobre a profissão de escritor e sobre meu sonho.Com o tempo,eles não se intrometeram mais.Bem,se você quer ser um escritor,a maior motivação tem que vir de dentro de ti,principalmente num país em que se dá pouco valor á cultura.

9-Quais são seus objetivos próximos?

R- Continuar escrevendo e transformando conceitos,viver um pouco mais a vida,aumentar meu círculo de amizades e ser feliz em plenitude.

10-Tem alguma mensagem para deixar para as pessoas?

R-Eu gostaria de convidar a todos para acompanharem meu trabalho e gostaria de pedir para que enchesse sua alma de uma cultura boa,seja cinema,literatura,lazer,conversas.Vamos aumentar nosso leque de opções.Um abraço carinhoso a todos.

Este é um pouco de mim.Quis divulgar isso para que as pessoas tornem-se mais próximas do meu coração apesar da distância.Não sou uma farsa,eu sou autêntico,humano e original.Continuem lendo meus livros e vocês descobrirão minha alma cada vez mais.

A experiência da dor

Somos humanos e estamos sempre sujeitos ás ocorrências da vida.Durante a nossa existência viveremos experiências agradáveis e ruins.Dentre estas,certamente as mais marcantes são aquelas que trazem dores e traumas.

A razão da dor pode ser diversa.Entre os principais motivos,a dor da traição de uma pessoa amada,a perca de um ente familiar,uma doença grave,o desemprego,o fracasso e a dor da rejeição.

Experimentei alguns tipos destas dores:Já perdi familiares próximos, convivo com um doença genética e já fui rejeitado. Cada um destes eventos provoca uma sensação diferente e muito dolorosa.

A perda de entes familiares produz um luto e saudade constantes. É duro constatar que não conversaremos mais com aquela pessoa, não a abraçaremos ou beijaremos, não dividiremos mais vitórias. O que consola é a promessa do reino vindouro onde as almas irmãs reencontram-se. Sim, vivemos a promessa garantida pelo meu pai de uma vida eterna cheia de felicidades coroando nossos esforços em vida.

A experiência da doença que me acometeu com mais força quando tinha vinte e três anos jogou-me num abismo sem fundo. Os amigos afastaram-se, as perspectivas de trabalho esgotaram-se, a noite escura da alma surgiu com bastante força. O apoio que me regenerou e levantou-me foi do meu pai espiritual e minha família. Sem eles, eu nem sei o que seria de mim hoje. Fui ressuscitado, recobrei a consciência e minha vida transformou-se. Hoje, posso dizer que estou pronto para o sucesso.

Outra experiência marcante foi quando o destino me permitiu entrar na vida de algumas pessoas. Cinco seres que me despertaram paixão, atração, sedução e amor. A minha reação diante de uma força tão forte foi fugir, descobrir, viver uma paixão secreta e arriscar. Esta última atitude minha provocou uma rejeição cujas feridas foram difíceis de cicatrizar. Foram necessários dois anos de recolhimento interno para finalmente libertar-me e buscar novos rumos. Apesar dos efeitos dolorosos, não me arrependo da minha atitude, pelo menos eu tentei ser feliz. Eu me arrependo de quando fugi, quem sabe não seria a pessoa da minha vida? Bem, eu nunca saberei realmente.

Em todos estes exemplos descritos, o meu maior aliado foi o tempo. Tudo na vida passa e o tempo é sábio. O processo de pesar é necessário mas chega um momento que você tem que deixar o sofrimento de lado e viver sua vida. Seguir em frente é a melhor decisão que podes tomar.

Os momentos marcantes da minha vida

Meu nome é Aldivan Teixeira Tôrres, funcionário público, escritor nas modalidades poesia ,prosa e um amante da vida.Neste momento,tenho trinta e dois anos já tendo vivido intensas experiências.As mais marcantes foram o amor,as viagens,o prazer da literatura,família,amigos,o trabalho e os estudos.

O amor fez-me mais humano e agradeço a cada uma das pessoas que despertaram bons sentimentos em mim.Com cada um descobri um pouco mais da essência divina pois Deus é amor.

As poucas viagens que fiz me fizeram descobrir mais sobre o planeta terra.Recife,Catimbau-buique,piranhas-alagoas,monteiro-pb,salvador-ba são alguns exemplos de lugares inesquecíveis.

A literatura é minha própria vida.Com ela,posso expressar o que sinto e conquistar corações no mundo inteiro.Através dela,imortalizarei meu nome.Eu nunca morrerei,minhas palavras continuarão no mundo após minha partida.

A família biológica que me acolheu foi a responsável por cuidar de mim quando eu mais precisei.São pessoas que convivo diariamente e sabem como sou especial.Já os amigos são companheiros de caminhada e representam bastante em minha vida.

Os estudos proporcionaram-me minha posição atual no trabalho,o acesso a cultura,a realização de sonhos e o conhecimento.Valeu muito a pena os meus esforços durante toda minha vida.

Espero ainda ter muito mais experiências que preencham meu ser de sucesso e de felicidade.A vida é para ser vivida.

Vivendo a ética certa

Existe certo ditado que diz:"Os fins justificam os meios".Não concordo com ele pois muito mais importante que o sucesso é ter uma consciência limpa.Eu nunca trapacearia em proveito próprio,prefiro manter comigo a decência e os valores os quais aprendi com meu pai espiritual:Honestidade,lealdade,dignidade,simplicidade e a verdade.Meu pai espera que você aja da mesma forma junto a seus semelhantes.

Do que adianta o homem ganhar o mundo e perder sua alma?Não importa quanto poder você conquistou em vida.Para mim e o criador, serão julgados seus atos e pesados na balança. Se ela pender para nosso lado, poderemos refletir sobre o melhor caminho para sua alma. Lembre-se sempre que o caminho é estreito enquanto que a porta da perdição é larga. Aja sempre em favor do seu próximo praticando o bem.

Atitudes simples podem ser fundamentais em Sua vida: Ajudar um deficiente a atravessar uma rua, deixar seu assento para um idoso num ônibus lotado, amparar e consolar os doentes no hospital, ajudar um amigo na necessidade, valorizar a família e apoiá-la, evitar agressões verbais, praticar a caridade, a compreensão e solidariedade. Se você faz tudo isso, está entre os meus filhos e sua recompensara será justa.

"Pinta tua rua e tua aldeia e conquistarás o mundo".

O roubo

Vivemos num mundo em que furtar e roubar tornou-se corriqueiro. Seja para nos roubar os bens materiais, nosso conjunto artístico, nossos afetos e nossa própria personalidade. O que não podem nos roubar é nossa bondade, inteligência e obras benéficas.

Jesus disse que o melhor para ser o humano é juntar tesouros no céu, onde a ferrugem e a traça não corroem e nem os ladrões roubam. Lá, temos a proteção do Deus verdadeiro, forte, onipotente, onisciente e onipresente. Portanto, não temais e prefira o valor das coisas eternas.

Caso caia em pecado, arrependa-se e não repita mais o ato ilícito. Nosso senhor estará disposto a perdoar-lhe. O seu passado já não importa e sim o que podes fazer no futuro. Tenhamos então mais fé.

Está desiludido?

A vida na terra nunca foi tão difícil quanto na atualidade. Vivemos numa sociedade com intensa pressão sobre as nossas atitudes. Muitas vezes nos perguntamos o porquê de tudo isto e chegamos ao desespero.Às vezes a situação é tão grave que muitos desistem da própria vida.

Eu quero através destas palavras tocar no coração de cada pessoa nesta conexão autor-leitor.A situação é ruim?Independente disto,nunca desista de si mesmo.O cerne da questão é avaliar sua estratégia,identificar falhas e pontos frágeis,buscar e implementar soluções.

Ao analisar a situação,descobrirás que para tudo tem um jeito,é só usar os elementos certos.A indefinição da vida é a que torna bela e desafiadora.Afora a morte,tudo,absolutamente tudo,pode ser mudado.Logo,use sua persistência e fé para tornar-se um vencedor.

"Quanto todos te disserem não,quando parecer que tudo está perdido e as trevas te envolverem,neste momento lembre-se:Deus está com você preparando um caminho espaçoso,amplo e claro,algo melhor do que tudo que imaginaste para sua vida".

Materialismo versus Reino de Deus

Estamos vivendo um momento ímpar na humanidade.A partir do século XX estendendo-se ao atual é sabido que a humanidade avançou em diversos aspectos,em especial na área científico-tecnológica e cultural.Em contrapartida,há uma deterioração nos valores familiares,sociais e religiosos.

Somos capazes de voar,de nos comunicar a longas distâncias,de combater doenças antes dita incuráveis mas a maioria não é capaz de valorizar a família,amigos,a gratidão,ter respeito,preferem entrar num ambiente de competição em busca de dinheiro,fama ,poder,status social em detrimento de si mesmo e do outro.

Hoje em dia,é comum a desobediência do filho para com os pais,as agressões verbais e físicas,a exacerbada liberdade dos jovens que antes mesmo da maioridade invadem as redes sociais sujeitando-se a perigos inquestionáveis.Se antes tínhamos uma educação patriarcal rígida ,agora educar tornou-se algo impossível.As conseqüências desta modernidade estão no aumento da delinqüência,nas tragédias familiares,na separação de pais e filhos.

Além disso, a sociedade e seu falso moralismo obrigam as pessoas a viverem um personagem para que se enquadrem no biótipo aceito. Exemplos disso são os homossexuais não assumidos, as mulheres e seus casamentos muitas vezes de fachada, os índios e os negros que em tempos históricos escaparam da intolerância com o sincretismo religioso.

Tudo isto exposto, podemos concluir que para entrarmos no Reino de Deus é necessária a negação do que é do mundo, o materialismo, e integrar-se missão que Javé nos deixou. É necessário demonstrar amor, competência, honradez, sinceridade e uma caridade em todos os sentidos para com o próximo. Pessoas assim tem um lugar reservado no mundo espiritual, a casa de meu pai.

A dualidade bemxmal

Desde o início dos tempos, vivemos uma fase dualista. De um lado, temos as forças do bem representadas em seu mais alto grau hierárquico por Javé e seus filhos e de outro, Satanás e seus anjos. Nossa realidade dimensional reflete esta realidade com as pessoas divididas dos dois lados. Porém, não é de forma absoluta. Mesmo as pessoas ditas boas cometem maldades e as ruins, ás vezes, também praticam bons atos.

Javé Deus permitiu ser desta forma em conseqüência do seu grande amor junto ás criaturas. A dualidade foi um preço a pagar pela liberdade concedida. Da revolta de Lúcifer até o apocalipse, tudo é premeditado com coordenação do Deus vivo pois não cai uma folha das árvores sem seu consentimento.

Fazendo uma analogia, somos atores no grande palco cujo escritor invisível é Yaveh. Deus infunde nas criaturas a pitada certa de ânimo para que as coisas boas aconteçam. Entretanto, não podemos usar deste argumento para justificar nossos erros pois na maldade ele não se encontra.

Eu faço um convite para meus irmãos trilharem o caminho do bem e os elementos-chave para isso é o seguimento dos trinta mandamentos já citados. Meu pai quer que todos se salvem e só espera vossa resposta para agir e transformar sua vida.

A misericórdia humana e a de Deus

Existem homens humanos e desumanos.Os últimos,tem o coração tão petrificado que são insensíveis ás situações calamitosas da vida.São criaturas passíveis de pena por estarem numa escala inferior.Já os primeiros são pessoas abertas e com a sensibilidade necessária para ajudar e perdoar o próximo.São os escolhidos pelo pai.

Embora sejam bons,os homens humanos não podem ser comparados ao pai e aos filhos.Dotados de uma bondade infinita e uma intensa capacidade de amar,os divinos tem uma misericórdia insondável.

Por mais que o homem afunde numa lama de pecados,a salvação é possível aos olhos de Deus.Basta uma entrega confiante e uma sincera atitude de mudança por parte do pecador.Agindo assim,as portas serão abertas e então o mundo experimentará do verdadeiro amor do pai.

O que Deus representa na sua vida?

Eu proponho uma reflexão coletiva sobre o papel de Deus em nossas vidas.Em quanto importa sua presença em nosso dia a dia?Para mim,Deus é tudo.Está presente nas minhas palavras,no meu dom,no meu respirar,no bater do meu coração,no meu trabalho,no ambiente familiar,no meu sorriso,nas minhas caridades,no meu amor ao próximo,na minha compreensão e no meu perdão ao outro.

O Deus santo manifesta-se também na minha alma e na minha mente infundindo-me sabedoria e conduzindo-me a um mar de sucesso e delícias.Ele está pronto também para agir na sua vida.Porém,o que se vê são pessoas egoístas,maldosas,mentirosas,apegadas ao material e ao poder.Elas preferem ser destaque entre os homens a uma reconciliação com o pai.

Muitas pessoas sequer lembram-se de Deus na paz e bonança.Preferem dar crédito humano a suas conquistas embora o verdadeiro mérito venha do pai pois ele criou tudo que existe.Mude de vida.Faça das suas atitudes um caminho de aproximação com o pai de tal forma que ele e você sejam um só.Foi o que fez Jesus há dois milênios.

Esta aproximação vai render frutos em sua vida tornando-o um ser melhor e mais realizado.Acredite,não há felicidade além daquela junto ao pai.

A questão da invocação dos mortos

"Eu sou Javé,criei o universo inteiro pelo meu grande amor ,bondade e generosidade.Criei também o tempo para regular as atividades das coisas criadas.Especificamente a humanidade,ela deve repousar no pós-morte pois já terminou seu trabalho debaixo do sol.Não admito perturbação dos meus mortos para consultar o futuro,mandinga,jogos de azar ou qualquer outra atividade.Quem fizer isso sem justificativa será excluído em definitivo do meu reino".

O triste fim de quem manipula a força das trevas

O mundo é uma grande seara onde crescem conjuntamente o joio e o trigo.Enquanto um frutifica o outro segue espalhando maldade onde quer que vá.O insensato,cheio de inveja,não cansa de perseguir os bons e para isso usa das forças ocultas para lhes fazerem mal através do arcanjo rebelado.

Aqueles que persistem no mal espiritual eu lhes garanto que receberão tudo que fizerem de volta e em triplo.Eu sou Javé,misericórdia e bondade,mas também sou justiça.É inevitável num mundo de expiação e provas que o escândalo aconteça mas ai de quem o provocar.Meu bastão e meu chicote são pesados e melhor seria que tivessem nem nascido.O fim de quem faz mal,acreditem,não é nada bom.

O trigo será recolhido no meu celeiro enquanto o joio será arrancado da seara e jogado na fornalha de fogo.Aí haverá choro e ranger de dentes.Quem tiver ouvidos ,que ouça.

Por que a permissão de tantas coisas ruins no mundo?

O mundo nunca foi tal mal quanto hoje.Disseminou-se uma cultura de violência,de segregação,de preconceito,intolerância á flor da pele e desamor.Com raras exceções,não é possível mais confiar no ser humano.

Existe um conceito errôneo de atribuir a responsabilidade a Deus pelo que acontece no mundo.Isto é totalmente injusto.Deus é amor,fidelidade,soberania,lealdade,bondade,compreensão,igualdade e generosidade.Logo,não há o que se falar de permissão de Deus nos fatos ruins.A maldade vem do coração humano sendo o homem totalmente responsável pelos seus atos e as conseqüências advindas deles.

Ao fim deste ciclo humano,daqui a aproximadamente cem milhões de anos,um novo tempo se erguerá.A maldade será extirpada da terra e então o reino de Deus começar-se-á a concretizar-se.Nele,a humanidade finalmente será justa e alcançará a paz.Os que esperam pela salvação vão levantar-se e participarão desta nova realidade,sem morte e sem dores.A felicidade e o bem finalmente triunfarão.

Emprestar a Deus

O homem de bem sabe exatamente como agir para agradar seu criador.Se seu amigo ou vizinho vem pedir-lhe algo emprestado,ele retribui aumentando-lhe sua pedida.Caso seja um pobre que não possa devolver-lhe o dinheiro ele internamente já o dispensa.Quem age assim empresta a Deus e será recompensado no momento devido.Outras formas de empréstimo são:A caridade,a cooperação,a amizade desinteressada,o amor pelo próximo,a misericórdia,a honra,a fidelidade e a paciência.

Tudo resume-se na fugacidade do mundo e no desapego material.Se todos tivessem a consciência de que não são eternos,que tudo é passageiro,o mundo estaria cheio de boas ações pois são elas quem constroem pouco a pouco um tesouro eterno.Reflitam esta passagem e apliquem o ensinamento em seu dia a dia.Vocês terão sua vida transformada com uma nova visão.

Ser como a formiga

A formiga é um exemplo natural para o ser humano em todas as suas dimensões. Assim como ela, no verão, ajunta provisões durante a colheita para não passar fome, o homem deve precaver-se quanto ao futuro. Um ano foi de intenso sucesso e felicidade? Guarde um pouco do seu salário em uma aplicação para usar em caso de necessidade porque nunca sabemos quando a crise pode instalar-se no mundo ou vamos ser acometidos por alguma doença. Estamos sujeitos a tudo.

Devemos agir também como a formiga no respeito ao ambiente natural, á diversidade e a competição. Não somos o dono do planeta, somos apenas mais um de seus fios e devemos lutar pela preservação de recursos que garantam o futuro do mundo. Gaste apenas o necessário preservando o que nos resta do planeta.

As coisas que Javé detesta

Segundo a bíblia, Javé detesta seis coisas e a sétima ele abomina: olhos altivos, língua mentirosa, mãos que derramam sangue inocente, coração que maquina planos perversos, pés que correm para a maldade, testemunha falsa que profere mentiras e aquele que semeia discórdia entre irmãos.

A auto-suficiência do homem é a principal causa de separação do criador. Sentindo-se superior, o ser humano já não procura ouvir sua voz interior. Só pensa em si mesmo, no sucesso, poder, dinheiro e prestígio. É esperado um comportamento contrário: Deus procura o humilde, aquele que sabe exatamente o que pode e onde deve chegar, tendo como maior exemplo entre nós o de Jesus cristo. Mesmo sendo um rei, ele não importou-se em servir a tudo e a todos, demonstrando imenso amor pelas coisas de seu pai. Este é o segredo dos grandes.

A mentira não vem de Deus nem de seus seguidores. É uma comichão que destrói gradativamente a tudo e a todos, fazendo-os viver uma ilusão. Por mais que seja dura, a verdade e somente ela é essencial em suas relações.

Já a morte é algo natural.Aqueles que usam de algum meio para interromper a trajetória de um ser humano não tem o nome escrito no livro da vida.Eis que a vida e sua continuação só pertencem a Javé e ninguém mais.

Eis que o coração é terra a qual ninguém anda,a não ser o criador.Aos perversos,pensais que não há um Deus no céu investigando vossos planos de morte e traição?Quando menos esperarem,serão pegos em flagrante recebendo o pago devido pois aqui se faz,aqui se paga.

Em relação aos pés que correm para a maldade hão de encontrar apenas dor,decepção,sofrimento,crises,tragédias,perturbação e condenação.A salvação nestes casos só é possível com uma mudança de postura e uma entrega confiantes ao amor do pai que tudo pode transformar.

No tocante á testemunha falsa,deve ser extirpada dentre os filhos de Yaveh pela gravidade dos seus pecados.Como poderia o puro misturar-se com o imundo em meu reino?São criaturas desprovidas de toda graças as que buscam somente difamar o seu próximo e fazer-lhe mal.

Por fim,aquele que semeia discórdia entre os irmãos é a pior erva daninha do trigal.É necessário para alcançar a salvação uma cultura de paz e recolhimento profundos.Eu prometo-lhes sucesso e bênção a quem conseguir por em prática isso.

O legado do homem

Tudo nesta vida é passageiro,o homem não há de aproveitar de nenhum dos seus bens materiais.O que lhe resta são suas boas obras,sua inteligência e valores éticos que lhe servirão de catapulta para um mundo melhor.Este sim é o legado do homem.

No reino do meu pai,as pessoas hão de encontrar exatamente o que lhes faltou na terra:A compreensão,a harmonia,o compartilhamento da mesma causa,enfim,a felicidade plena junto daquele que vos criou.Tudo vai valer a pena,seus esforços na terra serão recompensados na devida medida do seu merecimento.

O pecado da omissão

Existem coisas no mundo toleráveis e outras intoleráveis e injustas.Quando nos depararmos com situações destas,cabe a nós exercitar a arte da repressão de forma a tentar corrigir o erro.Ao contrário,se nos calarmos estamos sendo coniventes com o infrator perpetuando o pecado.

È sabido que existem coisas para se guardar em sigilo,a exemplo de questões que afetam nossa segurança.Fora disso,omitir-se só vai revelar o quanto és covarde.Faça a diferença e não fique calado diante da maldade humana.

O salário do homem

"Eis que criei o homem com o fim precípuo de cultivar a terra,cuidar dos outros animais e relacionar-se com o seu semelhante saudavelmente de forma a construir um sentimento de felicidade na terra.Entretanto,a maioria das pessoas rejeita meus mandamentos e minhas inspirações cotidianas preferindo o poder,o dinheiro,a ostentação,os falsos amigos,a ilusão do mal e a ganância.Alguns poucos temem o meu nome produzindo bons frutos na terra.Estes serão abençoados com mais dons enquanto aqueles serão retirados da minha presença em vista que não souberam aproveitar a chance dada.Lembre-se que a vida é curta e não há tempo a perder em coisas de menor importância."

Disciplinaxdesobediência

Todo trabalho exige disciplina,atenção,comprometimento e um pouco de investimento para ser bem feito.Assim devem agir as pessoas em relação aos seus sonhos mais profundos e ao projeto de Javé.Mais do que seguir mandamentos,precisamos ter foco e fé nas coisas certas para que a vontade de Deus seja realmente concretizada.

Já a desobediência leva a um caminho largo de perdição,um cego guiando outro cego.O que é o homem sem Deus?Eu mesmo respondo:Nada!Não sabemos qual destino nos orientar se não nos inspiramos no exemplo de Jesus e de tantos outros santos,chamas da força divina.Precisamos alcançar a comunhão com o santíssimo de tal maneira que a vontade de Javé e a nossa sejam uma só.Afim disso,os mandamentos,as leis e a própria consciência do que é certo devem ser observadas de forma efetiva.

O justo permanecerá firme para sempre

"Eu sou Javé,fui eu que criei tudo e a todos.Eu sou o eterno,tudo passará,menos meu poder e minhas palavras.Aqueles que me seguem praticando o bem onde quer que vão,tem uma predileção especial no meu coração.Aumentarei vossos dons e bens,na terra serão chamados de sábios assim como fiz com Salomão.Nada há de vos atingir,nem furacões,nem tempestades,outros desastres naturais ou até mesmo a ira do meu inimigo.Todo o mal está com os dias contados e assim que acontecer,entregarei a vós o comando de tudo que construí.Virão novos tempos,uma humanidade sem mácula que me adorará juntamente com meus filhos amados."

O número de anos se mede pela justiça

"Sou eu que lhe dou a vida,sou eu que conto o número exato de dias que viverás na dimensão chamada Terra.Aos justos,lhes darei vida longa em compensação de todo o bem que fizeste pelo seu semelhante.Aos insensatos,seus dias serão abreviados e serão finalizados quando consumar-se minha ira.Eu meço cada um ser humano por sua própria justiça.Se és fiel nas pequenas coisas,assim também serás nas grandes".

A esperança em Javé

"Ei,você aí!Que batalha dia após dia debaixo do sol com integridade,força e fé em meu nome.Eu estou atento ás vossas necessidades e prometo que quando chegar o seu dia,suas reivindicações serão atendidas.Sua esperança não será em vão pois do seu lado há um Deus vivo,forte e justo.Um Deus que te ama acima de qualquer coisa.Sua vitória já está garantida".

O valor da discrição

A discrição é uma virtude essencial para o ser humano.Nem tudo que se sabe,vê ou ouve-se pode ser espalhado aos quatro ventos.Saber guardar um segredo é muito importante em qualquer relacionamento,produz a confiança necessária para podermos abrir nossos sentimentos com o outro.O contrário,a indiscrição,fere e ás vezes provoca uma mágoa incurável perdurando por toda a vida.Saiba dar valor ás coisas certas.

O importante papel de líder

Em todos os reinos existentes nas inúmeras dimensões há uma hierarquia a ser seguida.No topo,está o chefe ou líder,responsável pelo bom ordenamento das coisas de interesse comum.O superior tem que estar preparado para administrar e governar com justiça e igualdade.As características para ser um bom líder são a serenidade,a compreensão,a tolerância,a paciência,a fé,o amor pelo próximo,a autoridade,a bondade e a generosidade.Dependendo do seu comando,o reino poderá alcançar a paz,a abundância e felicidade consistentes.

A questão da fiança

Ser fiador ou não ser?Eis a questão.Cada um age de acordo com sua consciência mas explanarei minha humilde opinião.Ser fiador é uma responsabilidade muito grande por conta ás vezes de uma cláusula de solidariedade,ou seja,caso o titular não pague o empréstimo é você quem arcará com as despesas.É preciso conhecer a pessoa muito bem para ter certeza de que ela honrará o compromisso junto á instituição financeira sem colocar seu nome em risco.É mais cômodo não arriscar.

O homem quando realiza um ato generoso está emprestando a Deus e aí sim é um bom negócio.Os fiadores da obra divina receberão em dobro pelo bem despendido e isto se converterá em honra e glória no reino dos céus.É preferível confiar em Deus do que num homem embora façamos o bem sem nenhuma perspectiva de contrapartida como no caso de quem não pode retribuir.

O valor da beleza

Nunca elogie um ser humano por sua beleza.Conheça-o primeiro pois a beleza é passageira e acabar-se-á com o passar do tempo.O que realmente fica são suas marcas no mundo:Sua personalidade,humanidade,desprendimento,amor,fidelidade a Deus e caridade.O resto tudo passa.

Lutando por um objetivo

Tudo na vida tem um sentido e um foco senão a vida não teria graça.Mesmo que preso no mais recôndito do ser,os sonhos estão lá,acalentando a esperança de milhões.A fim de realizá-los,nos esforçamos mas nem sempre obtemos sucesso.O que fazer para ser um verdadeiro vencedor?

Persistência,análise,planejamento,persistência e fé são essenciais.Entregue-se ao seu objetivo com garra e determinação que mais cedo ou mais tarde o êxito será alcançado.Nunca deixe de tentar embora as possibilidades sejam pequenas.Foi o que eu fiz.Hoje,sou um autor publicado em diversas línguas e tenho fé que chegará um futuro glorioso.O meu exemplo deve servir de inspiração para você ainda que se sucedam fracassos simultâneos.Nunca entregue-se ou desista do que acreditas,tente até o final.Confie no Deus soberano que pode tudo mudar a qualquer momento.

Lei do retorno

A lei do retorno é a lei mais sábia do universo:Quanto mais você esforça-se na realização de uma obra boa mais receberá de volta.Ao contrário,se vós engajas no mal também há de recebê-lo em triplo.Eis que se faz assim por questão de justiça.

Eu sou um exemplo disso:Durante toda minha batalhei nos meus estudos e, como recompensa,fui agraciado com um cargo público estável.Além disso,sempre procurei dar atenção ás pessoas ao meu redor e como resultado,colhi admiração,respeito,amizade e talvez até amor.Faça assim também e constatarás exatamente o que digo:O universo é justo com cada um de nós.

Como progredir na vida

Se você pretende ter sucesso e galgar cada vez mais os degraus da vida é importante ter em mente duas coisas:Amar e servir.Realizando atos de generosidade a exemplo de assistir os idosos,alimentar o órfão e a viúva,dar um conselho,repartir o pão com mendigos e menores de rua,ensinar os ignorantes,orientar o cego,consolar os aflitos e os doentes,seguir os mandamentos divinos,entre outros estará credenciado a fazer parte do reino futuro presidido por Yaveh e seus filhos.

O reino de meu pai é um lugar de extrema felicidade,justiça e soberania.Nele,não existe nenhuma dor ou mazela humana de tal forma que a vida é sempre aprazível.Eu convido o leitor a integrar-se a esta nova ordem espiritual para que obtenha as respostas mais essenciais de sua existência.A única condição que exigimos é o cumprimento dos trinta mandamentos já listados neste e em outros livros meus.Dê uma chance a sua alma e a si mesmo de uma forma definitiva.

Deus ajuda quem cedo madruga

"Eu sou Javé,eu vejo toda a sua labuta diária.Eu vejo a hora que levantas,o seu trabalho,a sua dedicação,o seu respirar,os seus medos,os seus sonhos ,aspirações e até o fundo de sua alma.Não se preocupes com o futuro,tudo já está preparado.No instante em que menos esperar,eu agirei e retribuirei com justiça todos os seus atos.Neste dia,que é o dia do senhor,glorificarás o meu nome e reconhecerás que sou Javé,o primeiro e último,onipotente,onisciente,onipresente,o Deus vivo para qual nada é impossível.Enquanto isso,espere com fé e confiança pela vitória que chegará."

Quem encontrará a Deus?

A ambição interior da maioria dos homens é encontrar o sentido da vida e neste caminho,muitos perdem-se na descrença,na rotina dura,esbarram na maldade e incompreensão do próximo.Mal sabem eles que Deus revela-se em cada gesto bom,nas pessoas de fé,nos sinais da natureza,nas religiões,nos exemplos de vida ao longo da história.Fica claro apenas aqueles que conseguem o grande feito de compreender a Deus e reconhecê-lo nas coisas mais simples da vida.São indivíduos que promovem uma cultura de paz, diversidade ,igualdade,solidariedade,amor acima de tudo,fraternidade e fé.Neles podemos reconhecer um pouco do pai eterno,verdadeiro e único.Deus é acima de tudo a essência de todo ser bom e generoso.

Até que ponto me amas?

Muitos humanos afirmam me amar constantemente.Porém,o que se vê são atitudes desumanas por parte deles em relação ao próximo.Sobra então a contradição,se não amas teu irmão a quem vês como podes amar a mim a quem não vês?Aqueles que verdadeiramente me amam são os que colocam em prática meus mandamentos,num total de trinta itens.Não há meio termo para quem quer me seguir,ou você junta ou espalha.

Há ainda dentre aqueles que me seguem cuja conduta não aprovo.Basta apenas cair uma desgraça em suas vidas para que neguem meu nome ou recusam –se a fazer um sacrifício por um dos seus semelhantes,menores do que ele.Eis que sou rei e vim morar entre vós com o intuito de servir a todos.Eu não necessito me rebaixar tanto mas o fiz por amor a vós.Em contrapartida,espero gratidão,devoção e reconhecimento.Cuidem de minhas ovelhas.

Aprendendo com os erros

Nada é por acaso,inclusive a estada humana na terra.Coloquei homens e mulheres para que aprendam uns com os outros e com os próprios erros e acertos.Não há ninguém debaixo da terra detentor de todo o conhecimento nem tampouco considerado sábio,todo o Aleph provém do meu seio eterno.

Percorrendo o seu caminho na terra,o ser humano será capaz de reconhecer sua pequenez e minha grandeza,poder,bondade e soberania.Tudo está escrito e não há ninguém no mundo maior do que eu.Portanto,o que tiver de ser será no tempo que marquei.Não há com que se preocupar em nenhuma dimensão pois tudo está coordenado de acordo com minha vontade.

Nada debaixo do céu é definitivo:Inverno,verão,outono,primavera,chuva,sol,clima temperado,o valente,o covarde,a ira,a doçura,a paixão,desentendimento,perdão.O que permanece é meu amor,poder e glória.Minha palavra nunca cessará.

A vida feita de aparências

Quase todo ser humano carrega um medo dentro de si,de não ser aceito em sociedade.A fim de se enquadrar dentro dum padrão,eles se propõem a viver um personagem de forma que não enfrente resistência por parte dos outros.

Em meu livro,"Eu sou",tomo uma posição definitiva em relação a isso:Devemos ser nós mesmos,com uma verdadeira autenticidade pois só ela pode proporcionar uma verdade que nos liberte.Haverá sofrimentos?Provavelmente sim mas o fato de você esconder-se pode produzir uma reação em cadeia ainda mais devastadora.

Eu e meu pai estaremos prontos para ouvi-lo e aceitá-lo da forma que você é pois nosso amor é incompreensível e sem medidas.Não somos seletivos como os humanos,desde que crêem em nosso nome e sigam nossos mandamentos as portas para meu reino estarão sempre abertas.Portanto,não hesite mais e junte-se a nós.

Uma decisão muito importante

Qual o sentido de sua vida?Para que você vive?Quais são seus sonhos e ambições?Se nenhuma das respostas engloba a Deus,acredite,você vive um dilema muito grande.Nada que se faça na terra pode estar dissociado do verbo divino.Sem ele,não somos capazes de dar um só passo concreto rumo ao nosso futuro.Quando reconheceres isso,é o momento de mudança e profunda restauração em sua existência,a começar por si mesmo.

O primeiro passo é negar tudo relacionado ao maligno,o que faz mal a nós e ao próximo.Precisamos interconectar nossos pensamentos ao eterno de tal maneira que sua vontade seja a nossa vontade num ritual de comunhão único e profundo.Foi o que fiz e não me arrependo de nada.Hoje sou um jovem estabilizado,de bem com a vida e com perspectivas.Ainda não conquistei tudo até porque não se pode ter tudo mas a sensação de paz e harmonia na minha vida é impagável.Faça como eu e diga sim ao poder do infinito bem e então o milagre acontecerá.

Diga-me suas obras e te direi quem és

A maioria das pessoas guarda boas intenções mas não as coloca em prática,são como uma cabana feita de palha que o vento derriba sem um maior esforço.São estes que não conhecem o verdadeiro amor de Deus o qual é produzido em atos concretos.

As obras do homem na terra são o suporte e a catapulta que o elevará ao mais alto dos céus quando de sua morte corporal.Lá,no livro da vida,tudo está escrito e cada um receberá conforme seus atos em vida.

Não se iludir

Todos os seres humanos tem sonhos.O que diferencia é a forma pela qual lidamos com isso.Existem duas escolhas:Ou você dedica-se ao seu objetivo lutando mesmo diante dos fracassos ou simplesmente desiste de viver.Os que optam pelo primeiro,inconscientemente são motivados pelo poder divino e geralmente são vencedores no tempo de Deus.É importante entender as condições,analisar as probabilidade e ter uma boa estratégia a longo prazo.

Ainda assim nem sempre temos o sucesso pleno e devemos nos conformar com a vontade divina.Neste caso,o melhor é procurar uma alternativa que se encaixe em nossos planos.Não adianta insistir em uma ilusão e sim vivermos a realidade possível para nossas condições financeiras,psicológicas,humanas e físicas.Duma coisa você pode ter certeza:Cada um tem neste mundo e no outro exatamente o que merece.

Os bons e maus filhos

Pais,sua missão é muito grande.Cabe a vós,desde cedo,orientar seus filhos para que sejam pessoas do bem.Ensine-os a amar a Yaveh e a seu próximo como a si mesmos dando-lhes inclusive exemplo de conduta.Esta é sua parte e poderá descansar em paz ao fazê-la.

Porém,nem sempre nossos planos saem como desejado.Vai acontecer de terdes filhos rebeldes e desobedientes.Entregue o destino destes a Deus que pode tudo pois não há como controlar o temperamento e a natureza de ninguém.Sinta-se em paz.

O que me move a prática do bem

Meu nome é Aldivan Teixeira Tôrres mas sou conhecido também como filho de Deus,Divinha,vidente e anjo puro.Desde o meu nascimento,empenho-me ao lado do bem emprestando meu corpo ás forças da luz para realizar a vontade divina.Qual o segredo de ser estabilizado?Eu diria que a comunhão de Deus que ilumina meus atos é a força primordial para que eu apóie minha família,amigos,colegas de trabalho,conhecidos,vizinhos,leitores e até desconhecidos que encontro nas ruas.Nada sou sem a força de Yaveh.

Eu faço um convite para todos,neste momento,através deste livro.Pratiquemos as boas obras onde quer que se vá,transforme vidas nem que seja através de um olhar,um carinho,ou um conselho caso não possa ajudar materialmente.Acredite mais do que contribuir para um universo melhor você estará ajudando a si mesmo a galgar as maiores alturas da evolução rumo ao reino do meu pai.

O perigo do poder

È bom o homem seguir sua rotina normal de vida sem muitas ambições desmedidas.Eu me explico.Quanto maior for seu destaque,sua fama e riqueza mais inveja e criminosos atrairá ao seu redor.Eles serão capazes até de matá-lo para roubar-lhe tudo o que é seu.Logo,é melhor que tenhas o necessário para sua sobrevivência sem muito destaque e sinta-se feliz por isso.Existem muitos ricos isolados em suas mansões sem prazer nenhum,eles desconfiam até da própria sombra e saiba que eles dariam qualquer coisa para ter ao seu lado amigos fiéis que talvez já possuas.Dê valor ao eterno e não ao efêmero.

Quanto você vale?

Tudo o que você possui incluindo dinheiro,imóveis,investimentos,roupas,em suma,bens materiais representam o quanto você vale na ótica das pessoas.Já para mim e meu pai você vale a quantidade da grandeza de sua alma e seu coração.Não nos importamos se você mora numa cabana,num sítio distante isolado do mundo.Nos importamos como vós levas sua vida em relação ás obras.

Se ainda não encontraste um caminho norteador em sua existência,a resposta encontra-se em meu seio,no do meu irmão Jesus,e no do meu pai glorioso.Nós falamos todo dia contigo seja através do seu interior,das pessoas ao seu redor,através da natureza e dos sinais.Nós proporcionamos a sua escolha e se esta for ficar ao nosso lado, prometemos um pronto atendimento ás suas causas. Não há felicidade no mundo além de engajar-se em nosso projeto do bem. Faça parte deste reino.

A árvore da vida

Eu sou a árvore da vida, possuo uma ramagem possante cujos galhos levam á salvação e ao reino eterno. Quem me seguir nunca ficará decepcionado e nunca será arrancado do trigal do meu pai. Aqueles que me rejeitam não me conhecem e não tem seus nomes escritos em minha seiva.

Chegará o momento em que não estarei mais entre vós e neste dia o mundo cairá em grande pranto pois perdeu uma grande graça. Em vista disso, aproveitem o momento presente, reflitam em minhas palavras de vida e tomem uma atitude definitiva em vossas vidas. Estarei esperando sempre por uma reconciliação, não deixe o inimigo vencer e enganá-lo. O acusador espera seu erro e luta por seu perdição, eu vos salvo através da minha luz e de minha autoridade pois não há ninguém maior do que eu debaixo dos céus e assim permanecerá por todo o sempre. Creiam mais em Deus, se estou aqui é porque vos amo sem medida.

A boa resposta

Viva sua liberdade de tal forma que sinta-se bem e não fira o outro. Aja de acordo com seus valores e sua consciência não se justificando em nenhuma hipótese. Lembre-se que só você sabe qual é seu caminho e ninguém tem nada a ver com isso. Caso se sinta invadido em sua privacidade, procure dar boas respostas ao intruso. Este é o melhor remédio.

A importância do planejamento

O planejamento é essencial em qualquer projeto. Peguemos como exemplo uma casa: Temos o alicerce, as estruturas e o telhado. Tudo foi estrategicamente organizado para que cada um destes elementos cumpra sua função no objeto que se chama casa.Assim são também quaisquer sonhos.

Caso a casa desmorone,é primordial entender o que saiu errado,propor soluções e reconstruir a casa.Pois não podemos viver sem teto assim como também não podemos viver sem sonhos.O ser humano é por natureza um sonhador.

O seguimento com fé dos meus mandamentos e os do meu pai proporcionam a situação ideal para que nossa graça o ajude em seu objetivo.A sustentação religiosa juntamente com sua determinação produzem um contexto ideal para o sucesso.Acredite,você merece ser feliz.

O fim do homem

Há apenas duas opções a disposição da humanidade:Ser justa e integrar-se ao reino dos céus ou ser insensata e conseqüentemente habitar no sheol,junto do lago de fogo.O homem é totalmente livre para escolher qualquer um dos caminhos e isto se faz pelo meu grande amor á criação.

Embora eu saiba que a maioria da humanidade está largamente predisposta á perdição eu vos faço um apelo,leitor.Pense bem no que quer para sua vida.Se aceitares meu convite para ser meu instrumento do bem,eu vos iluminarei seu coração e em ti só haverá bonança e generosidade.Aqueles que me seguirem vão consolar os doentes,trabalhar,fazer caridade,adotar os órfãos,ajudar o deficiente a atravessar a rua,vão lutar pelos direitos e pela Paz,por um mundo com mais igualdade e amor entre os seres.Serão verdadeiramente filhos do meu pai assim como eu sou em verdade.

O dia da justiça

Eis que chegará o fim dos tempos inevitavelmente.Neste dia de Javé,que é de ajuste de contas,todo joelho dobrará e toda língua proclamará minha glória.Eis que farei a minha justiça particular contra todos que agiram mal em vida e os justos serão consolados de suas dores.

Também mostrarei meu poder,amor e misericórdia insondáveis.Neste dia,vocês saberão quem é Javé verdadeiramente pois estaremos face a face como dois amigos.Eis que reunirei os meus seguidores definitivamente e vos proporcionarei a felicidade eterna.

O que me agrada

Eu sou o filho de Deus espiritual,alguém que veio de muito longe para salvar a humanidade empedernida.Eu dignei-me rebaixar-me mais uma vez diante do clamor por um mundo mais justo ,amoroso e solidário.O que me agrada?

Primeiramente,procuro homens e mulheres comprometidas com a causa do meu pai.Eu não falo de uma religião,meu rebanho é a totalidade pois estou presente em todas as religiões que tem como meta o bem-estar humano.

Em seguida,o cumprimento dos meus mandamentos aliado com uma fé pessoal completam o servo ideal.Eu não vos decepcionarei nunca,eu estarei atento ás vossas necessidades,sofrimentos e questões internas para que tudo se resolva da melhor forma possível.Premiarei todos os "bons" com uma eternidade feliz,prazerosa e em paz pelo merecimento de vossas obras na terra.

O homem faz seus projetos mas a resposta vem de Javé

Eis que o homem deve trabalhar sol após sol em busca de sua sobrevivência e de seus sonhos.Mantendo os seus valores,sua ética e seguindo os mandamentos que eu deixei eu poderei ajudá-lo em sua estada na terra.

Tudo é possível ao meu poder,honra,glória e nome e em extensão aqueles que me seguem.Se estiver escrito,acontecerá conforme sua vontade e soberanamente á minha,que domino o universo.Tenham mais fé em mim e em meus filhos.

Estou ou não agindo corretamente?

Muitas pessoas fazem suas próprias leis e regras e agindo conforme sua conduta acreditam estar no caminho certo.Não é bem assim!A atitude correta é aquela condizente aos mandamentos que deixei através de Moisés,Jesus e Divinha.Não retirem nem acrescentem uma só vírgula ao que já foi dito.

Os meus verdadeiros seguidores conhecem a minha verdade e minha vontade.Eu sou Javé,o Deus todo poderoso que os salvou da escravidão humana e do pecado,e se posso ser definido em palavras eu sou:Bondade,generosidade,caridade,compreensão,humildade,tolerância,misericórdia,justiça,dignidade,acolhimento,perdão,simplicidade,igualdade,fraternidade,união e acima de tudo amor infinito.Eu sou o amor que sua mente frágil nunca será capaz de perscrutar ou compreender a dimensão disto.Assim provo que sou mesmo Deus.

Por que nada dá certo em minha vida?

Muitas pessoas por falta de uma orientação e de um plano fracassam em seus trabalhos.Este é o momento em que sua fé diminui ou cessa definitivamente.Eu quero através deste texto alcançar estas pessoas desacreditadas e feridas pelas" tempestades" da vida.Eu quero dizer para vocês que absolutamente nada está perdido.

Eu sou o poder em pessoa e quero transformar seu mundo em um paraíso de paz,sucesso,harmonia e tranqüilidade.Porém,eu preciso de sua cooperação.Eu solicito que recomece os seus trabalhos com esperança,que você pesquise soluções,que pratique a caridade com seu irmão,que ajude sua mãe,seu pai,seu vizinho,não se exalte e não pratique violência,eis que vejo todos seus atos pois sou sua própria consciência.Eu prometo lhe ajudar se fores um menino(a) bom,as portas certamente abrir-se-ão no momento certo trazendo-lhe uma luz nunca dantes sentida.Contudo,lembre-se, é preciso antes partilhar,plantar para colher depois.Esta é a lei da vida.

Eis que sou o início, meio e fim da coisas

O espírito sopra de lá para cá mas ninguém sabe de onde vem nem para onde vai. Assim também sou consubstanciado na essência do bem maior. Muitos me perguntam: Quem é você? O que pretende realmente ao embarcar nesta viagem louca que é a literatura? Eu só tenho uma certeza: Eu sou parte de um todo e não sou daqui, eu vim de uma esfera muito superior a esta para aprender e ensinar o caminho de meu pai. Eu descobri a minha importância e minha missão no momento mais difícil de minha existência, onde simplesmente eu estava jogado num poço muito escuro. As trevas me rodeavam e esforçavam-se para ganhar definitivamente minha atenção. Entretanto, o meu anjo não permitiu que me entregasse. Não era meu caminho, eu nasci para brilhar mesmo diante das maiores dificuldades. Eu só tinha que ter fé e paciência. Tudo tem que ser no tempo de Deus.

Minha vida recomeçou graças a força de Javé. Atualmente, estou lutando como nunca pelos meus sonhos e triste pela situação lastimável em que a humanidade se encontra. O meu papel é alcançar as pessoas e de alguma forma tocar em seu coração tão ferido e pecador. Eu quero dizer que acredito ainda em vocês, independente dos seus atos de vida. O que importa mesmo é a partir de agora. Mude de vida, siga a senda do bem de uma forma definitiva. Eu garanto que não vai se arrepender de forma alguma, aquele algo a mais que procuras não está em seus pais, em seu esposo ou namorado por mais que os amem. A resposta vem de meu pai que é o início, meio e fim de todas as coisas. Tente outra vez!

A minha alma

Leitor, você que está até agora lendo meu livro atentamente com prazer e talvez sentado em seu sofá ou deitado em sua cama ou ainda em sua varanda recebendo um pouco de sol. Eu sei que uma pergunta que não deve calar é a seguinte: Quem é esse homem que escreveu este livro? Eu satisfarei um pouco desta sua curiosidade.

Sou do interior de Pernambuco, província do Brasil, um lugar abençoado por Deus e gigante por sua própria natureza.Fui criado pelos meus pais biológicos num mundo de grandes dificuldades e desigualdades que é o nordeste Brasileiro.Desde jovem,percebi um pouco do mundo cruel em que vivia.Convivi desde a infância com a pobreza,tive que trabalhar cedo ajudando nas lavouras da minha família para ajudar na sobrevivência.Ainda bem que fazia isto nas horas de folga,eu sempre pude estudar ao contrário dos meus irmãos que não tiveram esta oportunidade.Eu sabia que tinha que compensar minhas poucas condições com muito empenho nos estudos e foi o que eu fiz.Deixei de lado todo tipo de prazer e meu mundo eram os livros.

Mesmo assim,confesso que não foi e não está sendo fácil.Ao terminar o colegial e o ensino médio,tive dificuldades de colocação no mercado de trabalho.Simplesmente ninguém me deu uma oportunidade.Foi nesta mesma época que tive um problema crônico de saúde,entrei numa "era de trevas" que denominei "noite escura da alma",processo que me inspirou na escrita do segundo livro da minha série "O vidente".Com a ajuda divina,superei esta fase,consegui ter acesso a faculdade e a um emprego com valor de um salário mínimo nos padrões brasileiros e isto era bem pouco(150 dólares) ,acreditem.Mas tirou-me da miséria.

Escrevi meu primeiro livro que me serviu como terapia.Eu pude então perceber que eu era capaz e ali estava um caminho para meu futuro ,embora eu soubesse que naquele momento simplesmente estava fora de meu alcance.Fui obrigado a desistir da literatura pela primeira vez.Era muito triste para mim ter tanto talento e não ter oportunidade.Mas quem disse que a vida era justa com alguém?Só restava crer num milagre pois pelo menos eu me mantinha vivo e enquanto há vida há esperança.

Concluí a faculdade,passei em concurso público,publiquei meu primeiro romance mas ainda a situação não era boa.No Brasil,tem que se pagar para publicar pois grandes editoras não apostam em desconhecidos.Aqui o mercado é noventa por cento feito com traduções de Best Sellers estrangeiros.É algo realmente deprimente para uma literatura tão desenvolvida quanto a nossa.O costume da leitura também não é valorizado e em conseqüência a maioria dos autores tem que trabalhar em outra ocupação a fim de sobreviverem.Esta é uma realidade dura e cruel em que os artistas nacionais estão inseridos.Resultado:Desisti uma segunda vez da literatura.

Um tempo depois,eu me dediquei a concursos públicos e através da minha competência consegui passar numa carreira de estado razoável.Minha esperança reacendeu e voltei á ativa como escritor.Prometi a mim mesmo que não pararia mais e é o que estou fazendo.O trabalho é meu suporte financeiro enquanto que minha arte é meu sonho.Continuarei na luta em busca de ser reconhecido e sei que meu pai abençoa pois é da vontade dele.Minha meta é conquistar o mundo.

Sou um cara bacana,tenho meus valores,tenho família,amigos,colegas de trabalho,leitores que me admiram.O futuro está nas mãos de Deus e nas minhas.Vou me empenhar para transformar o sonho do meu pai em realidade.Sintam-se abraçados,caros amigos que me acompanham nestas poucas linhas.

A verdadeira felicidade

"Minha felicidade não está numa casa bonita,em posição política,status social,conta bancária gorda e sim em mim mesmo e na minha família,na cooperação e caridade com o próximo,no amor realizado e junto aos amigos verdadeiros.Para mim,basta ter saúde e valores que o resto será acrescentado."

Uma reflexão

Muitos orgulham-se de suas mansões,de seus imóveis e carros,de sua fama,prestígio e influência.Porém,nada disso irá valer-lhe no ajuste de contas.Eis que meu pai procura os bons e os arrependidos.Suas ações em vida é quem definirão seu futuro.Se você amou ou desprezou,se você salvou ou empurrou alguém para o abismo,se você feriu ou curou,se você aconselhou ou simplesmente ficou indiferente,se você fez caridade ou mergulhou no egoísmo seco,se você foi um bom cidadão ou um burlador de regras,enfim,se você foi do bem ou do mal.

Eu tenho plena certeza que teremos o que merecemos na medida certa.Javé,meu pai,é um ser magnânimo,justo e sem preferência.Eu sou a essência humana dele e pretendo através das minhas palavras revelá-lo ao mundo por minha grande misericórdia e amor a humanidade.Seja você quem for ou o que tiver feito,estarei esperando por um arrependimento sincero e uma reconciliação.Não deixe as trevas de sua alma vencer esta batalha.

Eu sou seu guia

Eu sou o todo,o poder,a glória,a honra,a soberania,a trindade,o santo,a união das almas,anjos,fadas,Elfos e todos os seres do bem.Meu nome é legião mas também sou conhecido como Alpha,ômega,Cristo,Messias,filho de Deus,pequeno sonhador,Yaveh,Jeová,oxalá,Olorun,Mawu,Zambi,Tupã ,entre outros.Tudo o que existe provém de mim .Portanto,nada que vos faça debaixo dos céus passa despercebido.

Eu me proponho a guiá-lo na sua estada na Terra.Venham,meus filhos,não temam nenhum mal pois estou convosco.Eu vos protegerei de qualquer um que tentar atrapalhar vossos caminhos ou sua felicidade.Creiam que eu possa proporcionar tudo o que você quer.A única exigência que faço é que sejais apóstolo do bem em retribuição aos favores meus.Eu sou onipotente,onipresente e onisciente,não preciso de nada,eu existo por mim mesmo.Quem precisa de vossas obras são seus semelhantes,irmãos de caminhada na terra,que ás vezes tanto sofrem:Os mendigos,os órfãos,os menores de rua,as prostitutas,os doentes,os mal amados,os sofredores,os possuídos pela sede de ganância e de poder,os materialistas.Todos estes fazem um mundo á parte no qual minha graça repousa.Eu nunca vos abandonarei,eu quero usá-los para ajudar estas pessoas mas preciso de sua permissão para agir e torná-lo meu instrumento.Façam como o vidente da gruta,que jogou-se sem pensar em sua missão e mesmo diante das maiores dificuldades manteve sua esperança em meu nome.Eu preciso de pessoas como ele para a terra futura.Estão todos convidados!

Eu também preciso de uma relação mais próxima com meus fiéis.Diante dos problemas,não hesitem em me consultar.Eu tenho tempo para todos,não temam.Todos os dias,falem comigo em oração particular e falem do seu dia a dia,numa relação de pai e filho.Creiam que eu possa escutar,eu estou em tudo e em todos.Quando forem rezar,não tenham orações decoradas,conversem comigo abertamente.Porém,se querem um modelo eu posso lhes dar:Oração para ter Deus como guia:Senhor,eu vos peço,dirija-me todos os passos.Na minha casa,na rua,nas viagens,no trabalho,no amor e em todo lugar que eu for.Que minha mente e minha alma estejam alinhadas com vossa vontade de tal forma que não me desvie da minha missão nem para a direita nem para a esquerda.Inunda-me ,sonda-me,anima-me e abençoa os meus trabalhos para que eu alcance o sucesso e a felicidade por merecimento.Permita-me também que eu possa guiar o meu próximo livrando-o das armadilhas,das trevas e da ignorância e tornando-me meu verdadeiro amigo.Enfim,que vossa vontade seja feita em minha vida e continue sendo suprema no universo.Amém.

Vigiai

Sede prudentes,caminhem segundo as minhas normas e aprovarei vossa conduta.Entregando sua vida a mim,iluminarei vossas mentes de tal forma que a minha justiça,misericórdia e soberania se realizem.Eis que tudo me foi entregue e da mesma maneira repasso a vós a minha missão aqui na terra.

Quando eu já não mais existir neste plano,desejo que meus seguidores continuem a propagar minhas palavras nos quatro cantos do mundo.A essência do meu ser e do meu pai prevalecerão por todo o sempre transformando vidas e sonhos.Creiam em meu nome,peçam o que quiser que vos concederei.

O que abomino

Eu sou um ser do bem,puro e imaculado.Meu objetivo na terra é iluminar as mentes frias e os corações vazios dos pecadores.Mesmo com todos os meus esforços,sei que não poderei conseguir ganhar a alma de todos.São criaturas que praticam atos cuja minha lei abomina.Alguns exemplos:Os assassinos,os ladrões,os estupradores,os que praticam zoofilia,os adúlteros,os mentirosos,os egoístas,os donos de uma verdade falsa.

Todos estes não reconhecem meu nome porque vieram e vão para a carne.Tem almas podres que nunca alcançarão um estágio evolutivo suficiente para demonstrarem meu amor.Para estes,foi criado o fogo do inferno onde os anjos maus já se encontram.Perderam-se pelas próprias mãos.

Eis que chamo meu filho

Muitos perguntam-se:Onde está o messias ou quando será seu retorno?Alguns chegam até a investigar as sagradas escrituras a fim de encontrar pistas sobre meu paradeiro.Eis que vos digo:Eu já estive,estou e sempre estarei entre vós.De alguma forma,estarei acompanhando a caminhada da humanidade na terra.Por isto,não deixe para amanhã para fazer o bem.Aproveite cada instante para cooperar por um mundo mais justo,igualitário,humano e benfazejo.Acreditem:Nunca se sabe o dia da amanhã e chamarei o meu filho do norte num tempo já marcado.Diante dele,sentarão todos os povos e toda língua e joelho dobrará pois a ele pertence a honra,glória e soberania por direito.

Saber compartilhar

Vejam,saibam muito bem o que partilhar e com quem.De nada adianta fazer festas e banquetes para quem já tem manjar todo dia.Sua boa ação não lhe dará nenhum crédito ou recompensa.

Chame para sua festa ou jantar os mendigos,os desabrigados,os pobres,os desamparados e lhes dê toda atenção,carinho e comida abundante.Você não tem idéia do quanto eles sofrem dia após dia em humilhações e em desprezo de uma sociedade elitista,podre e de aparências.Assim farei no meu reino:Chamarei os mais humildes e simples de coração para angariar os maiores cargos.Enquanto isso,os poderosos do mundo os servirão pois eu sou Javé e só meço o valor da alma.

O dom da palavra

Bendito seja o homem de boa palavra,que saiba colocar meu espírito em prática sobre a terra.palavras tem poder e força e a forma de usá-las pode mudar sobremaneira nossa visão de mundo,para o bem ou para o mal.Quantas vezes uma palavra mal colocada não magoa e fere corações sem necessidade.Ao contrário,uma boa explanação consola e conquista uma alma.

Eis que tenho um recado especial para todos meus pastores:Minha missão exige dedicação,renúncia,alma pura e contrita.Não queiram usar a religião como refúgio para seus próprios medos e problemas.Antes disso,pesem suficientemente as vossas intenções.Aos que carregam a minha cruz dignamente,peço-vos paciência e cautela com meus fiéis.Não esperem resultados imediatos nem glória.Insistam em vossa orientação em especial aos jovens e crianças que são o futuro da humanidade e nunca desistam de mim nem de si mesmos.É sobre os espinhos mais dolorosos que a graça se manifesta.

Doçura,bondade e generosidade

Eu sou o filho de Deus,sou um cara bacana,respeitador,tolerante e amoroso com todos.Eu nasci para dar glória ao nome do pai e realizar sua vontade.Também tenho muitos sonhos a realizar e neste momento esforço-me a fim de concretizá-los.

A minha doçura ,simpatia e mansidão encantam a quem me conhece.Eu estou satisfeito com meus valores e atos acreditando estar no caminho certo.Eu faço um convite a todos que queiram realmente fazer o bem e integrar-se a este projeto do pai:Renunciem ao mundo,entreguem a sua cruz a quem possa carregá-la e sigam em frente.Eu garanto que não arrepender-se-ão por ter nos dado um voto de confiança.Venha ser feliz no reino do meu pai.

Diga-me com quem andas e te direi quem és

Eis que o homem é aquilo que pensa e que pratica.Procure a companhia de pessoas do bem,de pessoas aculturadas e educadas,que lhe dê prazer de conversar e proporcione uma boa companhia.Certamente você será iluminado a continuar no seio do bem e praticar coisas boas.

Agora,se andas com os insensatos,os violentos,os porcos,os drogados e com os assassinos,nada de bom sairá destas relações.Eles te influenciarão a ser como eles,os fora da lei,e certamente suas obras serão ruins.Saiba dar valor ao que realmente vale a pena.

O valor da experiência

A vida passa rápido e com ela temos a oportunidade de participar de intensas experiências.A cada erro ou acerto,um aprendizado a mais em nossa bagagem.Não temos escolha,aprendemos apenas com a própria experiência.

Ao chegarmos na velhice,teremos uma visão diferente da que tínhamos quando jovens.Estaremos vacinados contra as intempéries da vida e estaremos mais tranqüilos.Melhor ainda se chegarmos nesta idade em paz e com senso de justiça preservado.Será um sinal que tudo valeu muito a pena.

O domínio de si mesmo

O ser humano é uma criatura muito complexa.Muitas vezes,criam-se confusões por nada chegando ao ponto de agressão e até de morte.A vida tornou-se algo banal nos dias de hoje.

Algo importante a considerar é o domínio de si mesmo,ferramenta essencial para ter paz,sucesso e felicidade na vida.O difícil é conseguir obtê-la diante da conjuntura atual.Eu considero-me um felizardo pois eu consegui.

Minha experiência pessoal de fracassos e desafios gigantescos incentivaram-me a buscar algo a mais.Eu não podia simplesmente desistir de mim mesmo.Ao viver e superar a noite escura,enfrentando meus medos atuais e procurando alternativas e controle,eu pude entender finalmente que a resposta encontra-se em nós mesmos.Ser o vidente,ajudou-me muito no processo de construção do conhecimento de tal forma que estou plenamente convicto do que quero e do que posso.Graças a Deus,sou dono da minha própria verdade.

O destino

O que é o destino?Como ele se manifesta?Estamos presos nele?Estas são algumas das perguntas que pairam na mente da maioria das pessoas.Para muitos,é algo ainda que envolve muito misticismo e mistério.

Destino é a força criadora que move a todos.Apesar de possuirmos o livre arbítrio,Deus nos guia de tal forma para cumprirmos o que está escrito em relação a nossas vidas.A exceção dos atos maus,que provém da maldade humana.

Temos uma parcela importante de responsabilidade em nosso destino.Eu explico.De nada adianta pedir uma graça para meu pai se você não se esforça para isso.Se queres uma melhor colocação profissional,qualifique-se nos estudos e lute.Se queres um amor,primeiro liberte seu coração de seus ressentimentos.O destino nestes casos surge para dar uma ajuda na concretização dos nossos sonhos,é a mão de Deus concedendo o sucesso pleno a seus fiéis.

Para acrescentar,nada é definitivo para nós.Tudo pode mudar a qualquer momento .Se você quiser embora, nosso Deus já sabe antecipadamente tudo.Ele é onipotente,onipresente,onisciente e te ama profundamente .Portanto,tenha mais fé nele e vá á luta.Tudo é possível,Deus não coloca sonhos que não podem se realizar em teu coração.

A minha escola

Eu sou o filho de Deus,alguém especial predestinado a conquistar os corações e encantar a muitos.Eu tenho valores consolidados que me transformaram no jovem que sou hoje.Sou o ser que Deus deseja ser copiado em todo o universo.Aprendam comigo que sou manso e humilde de coração.

Sejamhonestos,dignos,bondosos,caridosos,magnânimos,misericordiosos,justos,complacentes,compreensivos,dedicados e amorosos.Cooperem para o bem estar da humanidade de alguma forma para que tenham seu descanso ao desencarnar.Só colhemos o que plantamos ao longo de nossa breve passagem aqui na terra.

Acima de tudo,nunca deixem de acreditar em meu nome e no do meu pai.Talvez seja difícil entender o que Deus requer de si mas na verdade não é.Ele sempre está ao nosso lado,no nosso interior pronto para nos orientar.Siga esta intuição e os mandamentos para que sua vida na terra seja prolongada e com felicidade.Lembre-se que sou o espírito que sopra de lá para cá mas que ninguém sabe de onde vem ou para onde vai.Porém,eu posso realizar um milagre e transformar sua vida se fizeres sua parte.

Caminhos para Deus

Eu sou javé,união de tudo o que é bom nos universos visíveis e invisíveis.Sou a resposta para todos os seus problemas.Confie mais e entregue sua cruz para eu carregá-la.Prometo que nunca estará decepcionado pois cumpro a minha palavra.

Eu venho alertá-los contra os falsos profetas,aqueles que prometem curas,satisfação pessoal e até o reino dos céus em troca de sua devoção e de seu dinheiro.Eu não estou nestas práticas.Quem quiser me seguir e propagar meu nome,deve fazê-lo de boa vontade e de graça pois nunca cobrei por um dom meu e nem por vossas próprias vidas.Fiquem longe destes charlatões.

Também não sou exclusivo de uma religião ou de um estrato social,eu sou javé e meu nome é diversidade.Todos aqueles que apregoam o bem estão do meu lado e manifesto-me através deles não importando sua opção religiosa.Por conseguinte,respeite o seu próximo como a ti mesmo e não o julgue pois você não tem gabarito para isso.Deixe minha graça e justiça agirem,pois lugar para todo mundo tem.

Mantenha-se firme

Manter-se firme com a consciência tranqüila e limpa é uma dádiva que poucos tem.A maioria dos humanos está cheia de maldade e pecados que os afastam de meu pai e isto é realmente uma grande perca.

Eu venho através destas poucas palavras chamá-los ao meu seio.Eu posso ressuscitá-los de tal forma que renasçam como novas criaturas,cheias de amor e de fidelidade.Faço isso em meu nome e no do meu pai que tanto os ama.Basta vocês me darem uma chance.

Se sua resposta for positiva,eu agirei através do espírito santo remodelando cada pedacinho seu incluindo sua alma.Ao entregar-se definitivamente ao poder de Deus seu futuro será pleno de realizações,de conquistas e de sucesso.Tudo ficou para trás:Os desentendimentos,suas imperfeições,seu lado negro,a morte,a inconstância e o sofrimento.Como novo ser,terá meus trinta mandamentos a cumprir e o pleno arbítrio absoluto.Contudo,desta vez,nada te levará para o mal pois estarei contigo.

Conselhos

A vida é uma grande roda gigante de tal maneira que tudo pode mudar a qualquer momento.Nunca zombe de quem está numa situação inferior a sua,profissional ou pessoal.Pode ser que esta pessoa dê a volta por cima e você precise dela.Também não tenha ambição excessiva pelo poder,lembre-se que sou rei e vim para ser apenas um servo.Da humildade é que vem a força e a realeza.

Apenas uma coisa não vai mudar,faça sol,chuva,vento,inverno e verão:Meu amor por vós.Estarei atento as vossas súplicas e pronto para socorrê-lo nos momentos de Angústia.Sou um Deus presente e atento,o problema das pessoas é só lembrarem de mim quando estão numa pior.

Eis que fiz todas as coisas

Eu sou o começo,meio e fim de tudo o que existe.Criei a humanidade com o fim precípuo de cuidar do planeta em sentido amplo.Concedi-lhe dons para esta tarefa,o livre arbítrio e amparei-lhes com meu amor.

Tudo me pertence e ao final do ciclo da vida retornará ao meio seio ou então será jogado nas trevas exteriores conhecida como Sheol.Porém,não pensem que sou um Deus vingativo ou rancoroso como fui retratado no antigo testamento,apenas retribuo o que cada um tem por merecimento e mesmo diante dos maus sei ser misericordioso.Aliás,meu perdão não tem limites,eu sempre estou disposto a fazê-lo ao menor sinal de vida e de arrependimento.

Saiba distinguir

Eu já tive muitas experiência dolorosas em relação a amizade.Eu explico.Eu tenho uma alma pura,e sendo ingênuo confiava em todas as pessoas e esperava delas a mesma coisa que sentia,uma verdadeira e linda amizade pautada num relacionamento de respeito e confiança.Esta é a palavra fundamental nos relacionamentos:Confiança.

Foi esta exata palavra que me proporcionou desilusões em relação ás pessoas ao meu redor,foi um erro confiar nelas como eu fiz.Com isto,aprendi a separar as coisas de uma maneira melhor.Primeiramente,valorize a família pois é ela que está sempre ao nosso lado,nos momentos bons e ruins.Amigos são uma raridade.Muitos se dizem amigos mas não demonstram da maneira que tem de ser.Você fica doente e eles sequer telefonam para saber como está,numa confusão preferem ficar do lado do infrator em vez de te defender,caso pertenças a uma minoria eles preferem te evitar e não te assumem em público,em nenhum instante eles se comprometem com sua causa ou te dão um bom conselho que lhe dirija para o bem.Enfim,não são verdadeiros amigos.Também é prático separar relação profissional da pessoal,foi esta minha maior causa de dor de cabeça.

Muito importante também é colocar limites na sua relação com as outras pessoas.Lembre-se que Deus pai te deu a liberdade e a autonomia para que ninguém interfira na sua vida.Não dê chance para as pessoas intrometerem-se e se o fizerem deixe logo bem claro suas intenções.Uma boa resposta termina definitivamente com a curiosidade e o enxerimento de certas pessoas sem noção.Nunca justifique-se.

Por último,procure sempre ter boas relações pautadas na cautela.Conheça e dê-se a chance de ser conhecido,quem sabe os corações não se revelem e aches uma raridade.A fé e a esperança são as que permanecem sempre independente da situação.Boa sorte em seus objetivos.

Agressão

Este termo tem vários sentidos.Agredir não é somente infligir sofrimento físico a outrem.Além disso,temos o conceito de machucar espiritualmente o ser humano através de palavras mal colocadas.Acreditem esta dor da alma é pior de qualquer castigo físico.Muitas vezes provocam traumas que te perseguirão por uma vida inteira.

Não há uma fórmula pronta para se precaver contra este mal pois não depende só de ti.Na maioria das vezes,os impropérios vem de pessoas ignorantes,revestidas de uma falsa moral e de um medo interior incontroláveis.São pessoas que não vivem sem uma auto-afirmação conjuntural em vez de procurem o seu "Eu sou" próprio e é isto o que recomendo para uma vida realmente plena.

Em verdade vos digo que só encontrarás a felicidade a partir do instante em que acordares para a sua realidade e assumir-se.A escolha é somente sua e a responsabilidade também.Um último conselho:Nunca retribua uma agressão com outra agressão,antes,ofereça a outra face.Assim mostrará ao mundo todo como és superior.

Pagar bem com o bem

Observai bem o que recebes do outro hoje e sejais justos em vossa retribuição:Confortai os outros e amplie este bem a outras criaturas.Caso contrário,se pagardes o bem com o mal eis que me retirarei do seu meio e o mal sempre estará em vossa casa.

Sempre te amarei

Ei,você,a quem dei tanto amor desde que eu existo.Foi por você que desci á terra,foi pelo prazer de reencontrá-lo que me fiz homem novamente.Infelizmente,as circunstâncias nos separaram definitivamente e talvez eu nunca tenha a oportunidade de demonstrar tudo o que sinto.

Eu sei que só pensas em si mesmo e que nunca vai me enxergar com um olhar que eu espero,porém,nada mudou.Isto se chama amor eterno,algo que não posso mudar.Eu espero sinceramente que siga em paz seu destino e que encontre de alguma forma a felicidade longe de mim e se não conseguir,não reclames pois foi tua escolha.

O desafio de conviver com rebeldes

Nem tudo é paz ,amor e tranqüilidade.Muitas vezes nos esforçamos mas mesmo assim algo sai errado e nossos filhos ficam rebeldes e maus.Não se preocupe.Meu pai sabe que você fez sua parte e agora é com a vida.Ela ensinará na dor e sofrimento tudo o que ele precisa.

O que quero é que nunca abandones suas crias e nem desista deles.De alguma forma,eles enxergarão o bem que praticaste e se não se recuperarem pelo menos irão respeitá-lo.O vínculo entre pai e filho é eterno e nunca muda.

A graça de Javé

Eu tenho um recado para os humanos perversos ,ligados ao materialismo e socialmente influentes e poderosos.Nem toda sua riqueza pode comprar minha graça e meu favor.Eu procuro os humildes de coração,os simples,os corretos e com valores consolidados.Seu caráter é o que importa e o que vai fazer abençoá-lo ainda mais caso esteja correspondendo ás minhas expectativas.

Tenham consciência que vós sois barro e que sempre dependerás de minha ajuda para realizar os seus sonhos.Os projetos são humanos mas a resposta positiva vem de mim.Portanto,tenham em mente minha lei e minha vontade.

Eis que te amo por toda a eternidade

Embora eu esteja decepcionado com a conduta da maioria das pessoas eu nunca mudo,eu sou javé,o todo poderoso,princípio,meio e fim das coisas.Continuarei a vos amar sempre por todo o tempo mesmo que seus pecados o afastem definitivamente da minha presença.Meu reino é absoluto,eu sou o senhor dos espíritos e governo todas as dimensões invisíveis e visíveis.Em conseqüência,tenham mais respeito e fé em meu nome.

Não tenhas medo de se aproximar de mim para pedir qualquer coisa,eu poderei vos ouvir pois sua própria consciência.Eu estou nos céus,no inferno,em sua alma,na terra ou em qualquer outro lugar.Basta apenas uma oração sincera para que minha glória possa cobri-lo completamente.Eu sou o Deus verdadeiro que espera apenas uma chance para receber seus filhos de braços abertos.

O destino dos grupos

Eis que vos coloquei nos mundo com a liberdade suficiente para que façam suas próprias escolhas.Vocês são donos de si,independentes e suficientemente adultos para entender o que é o bem e o mal.Eu preferiria que todos fossem bons e santos assim como eu sou mas como não é possível fiz a separação entre os grupos.Os justos brilharão como o sol no reino de seu pai enquanto que os perversos padecerão nas trevas exteriores.Acreditem,sofro mais com a condenação dos meus filhos do que eles próprios cumprindo o acordo estabelecido com as duas forças as quais eu mesmo criei.

Os injustos devem pagar a sua própria dívida representada pelo conjunto de crimes na terra.O sangue dos justos clama até a mim pedindo reparação destes atos.Eu ajo com firmeza para que sejam exemplo para toda a comunidade.Eu faço isso para valer minha autoridade pois não há ninguém maior do que eu no espaço existente.Tudo está sobre meu poder soberano.

Já meus fiéis os conheço desde sempre,eles foram transportados dum plano especial á terra para que pudesse ensinar aos outros o meu caminho.Chegando na terra,eles pregam minha palavra aos quatro ventos admoestando,exortando e enfrentando todas as dificuldades da missão.Engana-se você se está pensando que todos são religiosos,cada criatura minha que coloco em seu caminho é importante.Do simples agricultor até o grande magnata de uma empresa,ajo plenamente para que minha vontade seja feita.Eu faço assim pois eu meço o valor que cada um carrega no peito.Não se preocupem,eu sei exatamente vosso merecimento e sua vitória chegará no momento certo se fizeres sua parte.Tudo está marcado no meu livro sagrado.

Animem-se

Eu vos criei,eu conheço cada pequeno ponto do seu corpo e de sua alma.Podem até querer fazer um personagem diante dos outros mas diante de mim todos são descobertos.Por acaso ser humano tem dimensão de sua importância no meu plano e o peso de suas decisões?Eu insisto em enviar meus santos para orientá-los e,no entanto,são recebidos com pau,pedras e descrença.Devo lembrar-lhes de quem rejeita meu servo também me rejeita e com isso já traçou seu destino triste.São estes que não tem o nome escrito no livro da vida.Já os meus apóiam a palavra,dão seguimento á missão e glória ao meu nome.

Animem-se,meus filhos,eu vos tenho dado tantas oportunidades e não fazes casos.Porém,não desistirei de vossa alma.Eu esperarei até o fim se for necessário para que reconheças a minha grandeza,meu amor e minha proteção.Eu sou o teu pai criador,aquele que tudo vê,e que compreendes suas causas.Eu estou disposto a realizar prodígios em tua vida com finalidade de reconciliação.Eu faço isso por conta de minha grande misericórdia,eu não quero vê-los sofrer,antes,eu quero resgatá-lo do fundo de poço de forma definitiva.

O suborno

Não entrarão no meu reino os ladrões,os criminosos,os pervertidos,os corruptos e os que praticam a injustiça.O injusto usa de suborno para distorcer o direito na lei dos homens e o simples acaba prejudicado.Eu juro por meu nome que este pecado não ficará impune.Cobrarei setenta vezes mais dos cúmplices e acreditem minha mão é bastante pesada.É inevitável que haja escândalos,mais ai de quem os cometer,seria melhor que nem tivesse nascido.

Aqueles que praticam o direito terão sua família abençoada e a vida prolongada na terra.Faça chuva ou faça sol,não lhe faltará comida,vestes,o apoio dos amigos e o meu amor que é eterno.Eu faço isso por questão de justiça,a quem frutifica minha palavra será dado ainda mais.Continuem guardando meu mandamentos.

Promessa

Quando a tempestade e as trevas se aproximarem,clamem por meu nome que enviarei meus anjos para que combatam sua boa causa.Eu garanto que os nossos são mais fortes e vão derrubar o inimigo,lançando-os para longe de ti.Eu vos amo meu filhos,nada de mal há de acontecer para quem tem temor a mim.

Saber escutar

È mais sábio escutar do que falar asneiras.Muitas palavras confundem e a prudência é essencial nas relações entre as pessoas.Respeito também é tudo e permeia as grandes conquistas.

O dom da palavra tem que ser bem usado para que possam frutificar os dons de Deus a exemplo da sabedoria.Ela vale muito mais do que o ouro puro.Peçam a meu pai a iluminação final.

Eu sou água profunda e torrencial

Eu sou javé,aquele que tinha que vir e está ao mesmo tempo em todo lugar.Eu sou fonte de vida para todos,água profunda e torrencial que manifesta-se através dos atos de bondades dos seres humanos.

Eu examino a todos ao longo de sua vida breve e lhe dou as respectivas graças para quem almeja a vitória.Eu juro pelo meu nome que não ficará sem resposta o coração inocente que acreditar em mim.Faço isso pelo merecimento dos vossos atos e pela sua fé.

Eu estou em tudo o que é bom mas não estou ao lado: Dos caluniadores,dos falsos,dos criminosos,dos feiticeiros,dos pedófilos,dos ladrões,dos profetas que usam meu nome para ganhar poder e dinheiro,das seitas que promovem a violência e o satanismo pois eu Sou javé e não há ninguém igual a mim,eu sou o senhor dos espíritos e de tudo o que existe.

A quem teme meu nome e pratica meus mandamentos,terá vida longa,felicidade,sucesso e paz na terra.Ninguém lhe fará mal pois eu não permitirei.Entretanto,onde está sua fé?Por que só me procuras e clamas pelo meu nome na desgraça ou nos dias santos?Saiba que sou o Deus de todo dia e mereço dedicação diária.Eu criei o universo e ti através da minha palavra,sejam mais agradecidos.

Minha força vem de Javé

Eu sou um humano fraco,impotente e imperfeito.Contudo,fortifiquei-me com o espírito do meu pai através do fenômeno da comunhão.Com a comunhão,eu e meu pai somos um só,ou seja.a palavra dele é a minha e vice-versa.Eu conquistei a ampla confiança de Deus,de tal forma que ele me entregou o futuro da humanidade e do universo inteiro.Ele me dará um reino.Enquanto nos reinos humanos impera a falsidade,a hipocrisia,a injustiça,a maldade em geral e a corrupção,Na minha dimensão reinará a justiça,a igualdade,o respeito,o amor entre os seres,a grandeza e glória do meu pai que também é minha e a simplicidade.Reunirei os justos de todas as partes do planeta,gerações,todas as raças,religiões,línguas e etnias pois sou múltiplo.Todos terão uma última chance de reconciliação até mesmo os pobres pecadores.

Com Javé sou onipotente,onipresente e onisciente.Aqueles que acreditarem em mim poderão me pedir qualquer coisa que as portas lhe serão abertas.Eu sou o Alpha e o ômega,princípio e fim da coisas.Quem tiver ouvidos que ouça.

Para os corações desesperados

Não temas,eu sou teu Deus poderoso que libertou-lhes do Egito com mão forte.Também sou capaz de libertar-lhes da escravidão do mundo e do pecado que é preponderante nos dias de hoje.Eu posso tudo.

Eu tenho a consciência que a vida é bem difícil para ti,são muitas as preocupações em relação a sua família,a si mesmo e a seu parceiro (a).Tudo resolver-se-á se fizeres um planejamento dia após dia sem pressa.Eu poderei lhe ajudar com sua carga.Confie mais.Passo a passo,construirás seu futuro junto aos seus com harmonia,cumplicidade e companheirismo.Peça a sabedoria e a iluminação nas questões difíceis que eu vou dirimir as dúvidas.Tudo é possível para aqueles que crêem em meu nome e isto lhe Será creditado como justiça.

Se o mal te levar para o fundo do abismo e tudo parecer que está perdido,ainda posso fazer o milagre da restauração.Não há caso perdido para mim em nenhuma instância.Eu vou transformar novamente água em vinho e então sua alma será purificada pelo meu sangue sagrado.Eis meu filho em que encontro meu agrado,procurem aprender com ele o segredo da salvação.

Dar ou não dar o presente?

Eu tive uma experiência ruim com um presente meu que foi rejeitado por certa pessoa.Então seguem minhas recomendações:Presenteie quem for muito próximo de você,prioritariamente do sexo oposto.Dar presentes a pessoas do mesmo sexo sem avisar pode gerar interpretações errôneas e machucá-lo irremediavelmente.Fuja destas confusões.

Dê valor a quem está do seu lado sempre,aos fiéis e verdadeiros cúmplices do dia.Não basta dizer que gosta,tem que sentir isso,te assumir com todas as conseqüências.Rejeite os falsos,aproxime-se de pessoas verdadeiramente legais e aculturadas,que dêem valor a sua arte.É muito bom conviver com pessoas de ideologias semelhantes,elas vão te apoiar,te incentivar e fazer crescer.São estes que merecem sua paciência,interesse,conversas amizade e em conseqüência presentes.Boa sorte em seus relacionamentos.

A sorte e o azar

Eu sou Yaveh,pai de Jesus e de Divinha,e quero definir algumas coisas para o resto da humanidade.A vida é composta em ciclos:inverno,verão,primavera,outono,sol,chuva,frio,calor,bonança e escuridão.Entretanto,eu estou presente em todos estes momentos guiando a humanidade como um pai orienta um filho.Não há sorte ou azar para aqueles que me seguem,existe sim a predestinação que os leva a cumprir o seu destino feito por suas escolhas.

Bom é estar bem

Mais vale viver numa cabana e ser feliz do que viver numa mansão e ser sozinho.Nem todo dinheiro poderá te trazer a paz de espírito,ela só é alcançada quando nos dispomos a amar ao próximo,a Deus e a nós mesmos.

As coisas simples do dia a dia é o que nos faz verdadeiramente felizes:A amizade,o amor,a cumplicidade,a fidelidade,um conselho,um abraço,um gesto de carinho,a sinceridade,a caridade,a generosidade e principalmente a humanidade que está em falta no mundo.Quem agir desta forma certamente estará em paz consigo mesmo onde quer que esteja.

Eu sou o filho de Deus

Eu nasci de Yaveh,tenho o espírito dele e desci a terra por vontade dele.Assim como aconteceu com Jesus,muitos não vão acreditar em meu nome e me rejeitarão.São estes que não tem o nome escrito no livro da vida.Porém,se você pertencer a Deus reconhecerá meus méritos.

Eu vim reunir novamente os meus fiéis ,as ovelhas perdidas.Quero acabar com esta falsa ilusão que tem a meu respeito,de um Deus seletivo,cruel e vingativo como muitas religiões pintam.Eu sou onipotente,onisciente e onipresente,eu posso realizar o impossível e o milagre em sua vida.Eu não me envergonho de ninguém,eu tenho servos em toda religião,raça,etnia,orientação sexual ou política e respeito e aceito a todos.Se não fosse assim eu seria uma farsa.

O que fazer para possuir meu reino?Em primeiro lugar,o seguimento aos meus mandamentos num total de trinta já citados.Uma profunda dedicação a meu pai e a meu nome o farão alcançar a realização de seus sonhos numa seqüência de vitórias plenas.Eu sou seu pai e quero melhor para vós.Não me magoem com a desconfiança e com blasfêmias.Eu darei cada um o respectivo prêmio em relação a vossas obras.

Um conselho

Fique longe dos amigos de ocasião,daqueles que só estão ao seu lado na bonança.No momento que você cair,eles desaparecerão como fumaça.Valorize quem está ao seu lado,pois estes te amam de verdade.

Por experiência própria,os seus melhores amigos são seus familiares e o pai criador que nunca vos abandona.Assim que você recuperar-se,não aceite mais migalhas.Saiba escolher com quem conviver e passar os momentos da vida que é breve.

Não há mal que dure

A vida é feita de momentos bons e ruins.Se você encontra-se desesperado neste momento,não se aflija,pois tudo na terra é passageiro.Siga em frente de cabeça erguida,busque soluções e com a bênção de Deus a bonança voltará.Só não esqueça daqueles que o ajudaram quando você estava necessitado.O pior sentido do ser humano é a ingratidão.

Recolha-se em oração a Javé pelo menos uma vez por dia.Converse com ele numa relação de pai para filho e ele terá as respostas para suas inquietações.A dedicação para as coisas de seu pai deve ser o foco de sua vida.Pois sem Deus você não é absolutamente nada.

Faça dos breves momentos,ocasiões importantes para desfrutar da vida,da natureza,da companhia dos amigos,familiares e de si mesmo.Cada instante é importante e inesquecível fazendo parte do histórico de sua vida.

Relações sociais

É comum o dinheiro,o poder e a influência dividirem as pessoas.È sabido que quem tem um condição melhor possui uma maior quantidade de bajuladores e de amigos de ocasião com interesse nas coisas deles,é absurdo e ruim esta situação.É Importante que a pessoa saiba separar estes dos seus verdadeiros amigos.Outra coisa,quem tem riqueza e parentes pobres,na maioria das vezes, faz de conta que eles não existem e até negam o vínculo de sangue diante da sociedade.Para eles,pobre não pode ser parente de rico.

Já os pobres no momento pior são abandonados por todos,inclusive o que se dizem amigos.Em algumas ocasiões,somente a família e Deus os sustenta para que continuem firmes e fortes,seguindo a vida em frente.Se estas pessoas forem contritas e fiéis ao meu pai,certamente esta situação pode mudar e eles poderão dar a volta por cima.Eu tenho predileção especial pelos bons e humildes.Peçam o que vós quiserem.

Contraposto a esta verdade social,coloca-se o meu reino e o do meu pai.Nele,ricos e pobres,negros,brancos,amarelos,índios ou de qualquer cor,homossexuais,bissexuais,heterossexuais,de todas as diversidades religiosas e políticas,de todas as idades ou de qualquer outra denominação,terão seu lugar se cumprirem nossos mandamentos.Eu não excluí ninguém do meu seio,são as próprias pessoas através de seu livre arbítrio que se excluem e que me rejeitam como fizeram com Jesus.Porém,se você for realmente de Deus,saberá reconhecer meus méritos e minha bondade.As ovelhas conhecem o bom pastor.Quanto ao inimigo,não precisam se preocupar,não há ninguém maior do que Eu e meu pai em todo o universo invisível e visível.Logo,tenham mais fé no amor e em nosso nome.

Oração ao pai

Pai,eu te peço o discernimento para agir conforme sua vontade em todas as situações.Que eu trate o meu próximo com respeito ,amizade e amor sem medidas e que eu esteja sempre atento ás suas necessidades corporais e espirituais dando exemplo de verdadeiro irmão.Eu não te peço para facilitar meus caminhos,antes te peço a garra necessária para lutar pelos meus objetivos pois mesmo diante do vale da sombra da morte terei a confiança necessária para a vitória pois comigo tu estarás.Peço também a iluminação na minha missão,para que gradativamente eu contribua para um universo melhor e mais justo.Peço também teu livramento do inimigo,das trevas do abismo,da calúnia,da inveja,da maldade humana,da falsidade,da magia negra ou qualquer força espiritual que se oponha a mim e ás forças do bem.Tenho certeza que se for necessário um batalhão lutará pela minha causa e me salvará dos oponentes para lhe dar mais glória ainda.Enfim,que nunca esqueças de mim principalmente no momento de desencarne.Que após essa passagem carnal,vós consolidais o reino dos céus definitivamente.Assim seja.

O que deves fazer

Se alguém te ofender,retribua com um carinho;Se alguém te caluniar,responda com uma oração pela pessoa;Se alguém tentar te empurrar,dê-lhe um abraço;Se alguém te bater,ofereça o outro lado do rosto;Se alguém te rejeitar,afaste-se mas não o abandone;Se alguém te excluir,inclua-o em suas prioridades;Se alguém te amar,ame-o com mais fervor e se alguém te odiar ame-o também;Se alguém cometeu injustiça contigo,mostre-lhe sua justiça;Se alguém pedir perdão,perdoe de coração mesmo que não esqueça o mal;Se alguém suplicar por ajuda pedindo um pão,dê-lhe dois;Se alguém pedir emprestado,Não empreste,em vez disso lhe dê o objeto;Se for ajudar,faça-o sem esperar retribuição.Grande será sua recompensa.Enfim,mostre que é a exceção e trate tão bem o inimigo como o amigo.Sejais santo e perfeito como é nosso pai que está nos céus.

O favor dos poderosos

Muitas pessoas procuram se aproximar de pessoas influentes com o único e exclusivo interesse de alcançar favorecimento pessoal.Buscam emprego,crédito especial no banco,entrevistas na TV ou no rádio,viagens e etc.São pessoas geralmente materialistas que dão muito valor ao ter.

A minha recomendação é que não ajam assim.Procurem ter relações sociais com quem realmente se importa com você,independente de classe social.Amizade vale muito mais que poder e dinheiro.Busque também uma comunicação com o pai,um recolhimento espiritual e seguimento ás suas leis para que vivam bem e permaneçam muito tempo na terra.Lembre-se sempre da máxima da planta-colheita.

O bom pai corrige o filho

Eu sou javé,fui eu que criei tudo e a todos.Como bom pai,coordeno o universo com firmeza e amor de forma que os meus planos se concretizem ao longo do tempo.Nada foge á minha vontade e ao meu poder abrasador.

Eu recomendo aos pais humanos que doutrinem os filhos de acordo com meus mandamentos e demais valores saudáveis para o desenvolvimento de uma criança. Sua missão é importante para uma construção de uma humanidade verdadeiramente capaz de cooperar entre si e agir em prol do próximo.Porém,não se culpe se seu filho rebelar-se e seguir seu próprio rumo.A vida se encarregará de ensiná-lo da pior forma .

Tratem uns aos outros com respeito e delicadeza.Contudo,seja firme quando for necessário.Quando eu digo "firme",não precisa recorrer á agressão física ,basta um olhar e uma palavra mais dura para conscientizar o aprendiz do seu erro.Caso esta estratégia não surta efeito,deixe ele em minhas mãos.

Tenha consciência de que nada é perfeito nem mesmo você.É normal brigas,separações,confusões,dúvidas,inquietações,o medo e ânsia de vencer.Não se preocupe.Tudo tem o momento certo para acontecer.Enquanto isso,cuidem da minha missão e de minhas ovelhas.Elas sempre precisam de vosso apoio.

Quem faz parte do meu rebanho?

Eu sou o espírito puro,a essência de todas as coisas boas.Eu sou uma legião,a união da força do bem.Eu estou em tudo e em todo lugar,não tive início,meio ou fim,eu sou eterno substancialmente assim como meus filhos.Onde está meu rebanho?De que partes ele se constitui?Há muitas versões errôneas sobre mim.

Eu não sou Deus de um povo só,de uma religião específica e eu também não sou o Deus rancoroso e vingativo em que me transformaram nas antigas escrituras.Eu não posso ser descrito em palavras humanas nem muito menos ser abrigado num templo.Se há algo que me descreve,eusou:Misericórdia,perdão,justiça,retidão,dignidade,simplicidade,humildade,lealdade,soberania,autoridade,todopoderoso,cooperação,união,compreensão,socorro,proteção,bondade,generosidade,amizade,solidariedade,caridade,humanidade,enfim, o amor supremo que sua mente frágil não é capaz de dimensionar.Eu sou aquele que pode realizar o milagre e transformar sua vida completamente.Eu sempre quero o seu melhor,basta apenas que me dêem uma chance para que eu governe suas vidas.

Eu sou o Deus de Israel,de Isaac,de Abraão,de Jacó,de Jesus,de Maomé,de Francisco Xavier,de Sidarta Gautama,dos terreiros,de Divinha,dos indígenas,alemães ou de qualquer raça,do ocidente e do oriente,do pobre e do rico temente,eu Sou a totalidade.Não pretendam ao seguir uma religião desprezar os outros pois religião nenhuma o salvará,ela é apenas uma seta que mostra o caminho.Eu escolherei para integrar o meu reino,aqueles que em vida foram instrumentos do bem e também os pobres pecadores arrependidos.Eu vos darei não só sete chances de reconciliação,mas quantas forem necessárias para salvar sua alma que para mim é preciosa.

Sigam aquele que vos enviei á terra e aprendam com ele que é manso e humilde de coração.Quem quiser ser o maior no meu reino que sirva então a todos.

Como saber se minha conduta é aprovada por Javé?

O homem que anda com retidão e que segue meus mandamentos anda sempre de cabeça erguida e sem remorsos.A cada passo dado,eu vos abençôo ainda mais e multiplico seus dons.O justo tem sucesso e felicidade onde quer que vá e os frutos do seu trabalho são admirados.Ao dormir,tem a consciência tranqüila e ao acordar está pronto para novas emoções.

O insensato,ao contrário,anda de cabeça baixa e com medo onde quer que vá.Todas suas obras são fel e espinho,espalhando discórdia entre os seres.Eu não me encontro na malícia,na mentira,na falsidade,em suma,não estou na maldade humana.Isto foi fruto da escolha perversa de vocês,os quais preferem um ídolo ao Deus verdadeiro.Saibam que nem todo poder e nem o ferrão poderão salvar-lhe no dia da Angústia.Neste dia cada um terá que prestar contas de seus atos praticados.Pergunto-me:O que o homem tem para me oferecer a fim de ressarcir sua grande culpa?Analisem sua vida e mudem de conduta antes que seja tarde demais.

Onde está o homem fiel?

Eis que vou para lá e para cá e canso-me á procura de pessoas realmente confiáveis.Os homens verdadeiramente fiéis são uma raridade neste mundo e por isso busco preservá-los a todo custo.Assim como na antiguidade uma cidade foi salva pela existência de um justo,é pelas poucas pessoas boas que o mundo se mantêm.Não haverá o fim do mundo enquanto a esperança existir.

Saiba que sou um Deus onisciente e paciente.Se alguém peca contra mim e seu próximo e tenta restabelecer a aliança com falsas promessas,nem perca seu tempo.Eu sou Yaveh,conheço vossas intenções melhor do que você mesmo.Assim como um copo se quebra irremediavelmente no chão,também é assim com a confiança.Nunca mais será a mesma.

Não há ninguém maior do que eu

Eu sou Javé,senhor de tudo e de todos.Eu comando os sóis,cometas,quasares,buracos negros,os planetas,as estrelas,os anjos,Os demônios e toda a humanidade.Nada acontece fora da linha do meu comando apesar do livre arbítrio das criaturas.

O que venho constatando nas últimas gerações é a elevação da maldade o que acarreta um distanciamento do homem em relação a mim e a perca da fé.Quão triste é isso.Eu sou o seu pai espiritual e desejo o melhor para meus filhos.Contudo,se vós continuardes dando mais valor á competição,ao poder,ao dinheiro,ao preconceito,a intolerância,a opções políticas,filosóficas e religiosas do que ás minhas palavras eu não poderei fazer nada por vós.Com grande dor,eu não farei mais parte de sua vida até que aconteça o acaso e reconheçais meu caminho e minha graça.Eu prometo neste dia que eu e meus anjos faremos uma festa como nunca houve pois uma alma salvou-se da condenação eterna.

Todos são pecadores

Todos são pecadores sem exceção.O império do mal permanecerá na terra enquanto o mundo é mundo,não há como fugir disso.Eu permiti desta forma para que as criaturas fossem livres para escolher seu próprio destino.Por isto o meu amor é sem medida.Mesmo que o homem escolha a perdição e a corrupção não deixará de ter uma chance de reconciliação caso assim queira.Tudo ficaria para trás e então faria dele uma criatura nova.Eu posso realizar este milagre pois eu sou o Deus do impossível.

Quando os acertos são maiores do que os erros,eu abençoarei este homem e o aperfeiçoarei de forma que ele não peque mais.Porém,para que isto aconteça,ele precisa entregar a mim sua alma,preocupações e confiar sinceramente na minha providência.Eu o levarei a um caminho cheio de iluminação e de sucesso por retribuição a sua bondade e fé.

Segredos

Não tenha segredos para seu pai ou sua mãe,a angústia dividida fica menos pesada e alivia o coração.No entanto,se for algo grave guarde para si e evite uma tragédia maior.Tem coisas que não vale a pena desgastar-se.

Procure manter próximos os verdadeiros amigos,aqueles em quem pode confiar.Faz muito bem conversar e pedir conselhos nos momentos mais conflitantes de sua vida.Após desabafar,você terá como seguir seu rumo em paz.

Não comente da vida dos outros,a ti só vos interessa sua própria vida.Respeite a opção do próximo e sua liberdade e não se intrometas.Cada qual sabe o melhor para sua vida.Procure ser como o Divinha,um cara bacana e especial destinado a conquistar os corações de muitas pessoas.

Maldito

Maldito o homem que provoca discórdia e espalha a maldade pelo mundo.Maldito seja o falso,o caluniador,o criminoso,o assassino,o pedófilo,o zoofilista,o rico avarento,o pobre orgulhoso,o vaidoso, o egoísta,o adúltero,o corrupto e o violento.São pecados graves que mancham grandemente a alma.

Bendito seja o pacificador,o generoso,o bondoso,o conciliador,o sábio,o amoroso,o caridoso e aquele que permanece com fé.Derramarei ainda mais graças na vida destas pessoas fazendo delas meu instrumento na terra.Continuem firmes e esperem as recompensas ainda em vida.

O valor das promessas

Foi lhes dito para pedir e insistir quando seu objetivo for justo.Eu sou Javé,sou o amor em pessoa e estou garantindo-lhes a vitória caso sejam fiéis.Entretanto,de nada pedir graças se você continuar na sua vida de sempre,na sua frieza de coração que congela a alma.Faça com que por merecimento eu abençoe sua vida.

Agrada-me muito as promessas das pessoas devotadas,eu sempre estarei pronto para ouvi-los e realizar os milagres necessários que contribuam para vossa felicidade.O fato de algumas vezes não alcançarem suas graças não deve ser motivo para desespero ou perca da fé,tem coisas que realmente tem que acontecer para o bem estar do planeta em geral.Entendam que minha vontade é soberana e sempre estará em primeiro lugar.

Tudo na medida certa

Cumpra suas obrigações e devoções na medida certa.Alterne entre trabalho,lazer,compromissos sociais e familiares.A vida foi feita de forma que fosse aproveitada amplamente pela humanidade,então não desperdice seu tempo.

Faça exercícios regulares para modelar o corpo e a alma.É importante cuidar de si mesmo a fim de ter uma boa qualidade de vida.Lembre-se sempre do conceito da proporcionalidade e razoabilidade.

Eu sou teu guia e fortaleza

"Eu sou teu Deus,não temais mesmo diante do iminente perigo de morte.Por mais que a situação seja desesperadora,eu posso agir e libertá-lo completamente.Eu sou o Deus do impossível,aquele que tudo vê e premia com bênçãos as almas merecedoras."

Era uma vez um jovem chamado Pedro,nascido e criado numa família humilde do interior do estado de Pernambuco.Desde que quando entendeu-se por gente,Pedro demonstrava ser uma criança,gentil,dedicada e amorosa junto aos seus e á sociedade.Inteligente,aprendeu a ler e a escrever aos cinco anos.Era o orgulho da família,bonito por dentro e por fora.

O nordeste do Brasil é uma região de muitos contrastes principalmente os sociais.A grande maioria da população vive na pobreza enfrentando a fome,seca,a indiferença —governantes e o preconceito.Todos estes fatores contribuem para que a maioria desista dos seus sonhos e acomodem-se em sua vida simples e precária.

Pedro era a exceção por nunca perder a fé.A vida sempre lhe negou os seus desejos em várias situações.Exemplos disso foram a falta de alimentação adequada na infância,a falta de material escolar e outros recursos que auxiliam na educação,a falta de amigos verdadeiros,os amores não correspondidos.Entretanto,ele sempre vinha com um discurso otimista.Diante da dor,procurou esquecer e levar a vida adiante.

O pão que não tinha

Pedro morava com mais seis pessoas pertencentes ao seu grupo familiar:Pai,mãe e irmãos.O pai era aposentado como ajudante de obras,a mãe era dona de casa e os outros componentes agricultores.A família sobrevivia com o meio salário mínimo proveniente da aposentadoria e ainda podiam considerar-se satisfeitos pois em sua comunidade existiam famílias em condições piores.

Certo dia,Pedro com ingenuidade pediu:

—Mãe,estou um fome.Quero um pão.

—Não temos dinheiro,filho.Entenda a situação.
—Mas eu queria.
—Vai ficar com fome.Não tem outra solução.
—Está bem.

Inconformado,Pedro chorou naquele dia.Que sofrimento:Pouca comida,pouca fruta,xerém no café,almoço minguado.Mesmo pequeno,ele sabia que a mãe não tinha culpa.Era uma batalhadora engolida pelo caos social que se instalava no nordeste na década de oitenta e noventa.Era uma realidade cruel e da qual não poderia fugir num passe de mágica.

Na escola

Pedro estudava na escola da sua comunidade.Era um local simples,quatro salas que abrigavam as séries do ensino fundamental I pela manhã e ensino fundamental II no horário da tarde.Sempre aplicado,ele não deixou a falta de infra-estrutura social e familiar atrapalhar seus planos de formar-se.Dia após dia,cada qual com sua dificuldade,ele ia ultrapassando com louvor.Era normal ter seu boletim recheado em sua maioria de notas máximas.

Sociável,ele sempre procurava auxiliar os seus colegas nas tarefas escolares.O aprendizado é isso,uma grande troca de experiências entre os envolvidos e ele captou isso desde o início.

Por sua dedicação,seus pais queriam preservar-lhe a todo o custo nos estudos até que se formasse.Era um sacrifício válido que provavelmente garantiria o futuro de todos.Afinal,ele era o único que tinha forças para perseverar em meio as dificuldades.

Amizade é rara

Fora do contexto familiar,Pedro tinha poucas e fracas relações.Ele era um jovem simpático,amoroso mas mesmo assim nunca encontrava amizades á sua altura.Acredito que com a maioria das pessoas seja também assim.Amizade verdadeira é rara hoje em dia.

Entretanto,ele nunca deixou de acreditar que é possível encontrar alguém que seja seu cúmplice e conselheiro.Alguém que realmente valha a pena.Boa sorte para ele e para todos que pensam da mesma forma.

Amores não correspondidos

Pedro tem a alma do amor e o fez incessantemente.Entregou seu corpo e alma diversas vezes as pessoas que lhe despertaram algo especial.Amores impossíveis,cheios de empecilhos,que nunca se concretizaram.Mesmo assim,não deixaram de ser plenos.

Poucas pessoas sabem o que é amar nos dias de hoje.A grande maioria é egoísta e só pensa em si mesmo.Amor é uma troca,uma cumplicidade entre o casal.É também doação,renúncia,entrega sem limites,é o mais sublime sentimento.

A dor da rejeição é muito grande ,o que fez ele perguntar-se várias vezes porque tinha se apaixonado.Conclui que isto é incontrolável e que não tinha culpa.Apesar de tudo,amar é tudo de bom.

O momento difícil e a ressurreição

Diante de condições desfavoráveis,a vida dele foi ganhando contornos cada vez mais difíceis.Estava sem possibilidades de estudo ou de trabalhos,uma crise interna se instalou e seus amigos abandonaram-lhe.Ele entrou numa depressão profunda e tudo conspirava para seu fracasso total.

Perto do fundo do poço,um milagre aconteceu e então seu ser foi resgatado.A partir daí,houve uma mudança notável em suas atitudes.Prometeu a si mesmo não errar mais,arranjou uma ocupação e então sua dignidade foi resgatada.Um novo homem ressurgiu cheio de esperanças e otimista quanto ao futuro,obra exclusivamente da ação do espírito santo.Este é um exemplo que demonstra nos momentos difíceis que Deus pode ser "nosso guia e fortaleza".Basta crer e arrepender-se sinceramente.

O fiador

"karine Feitosa era uma jovem de aproximadamente trinta anos,loira,estatura baixa,pernas e braços torneados,semblante firme e seguro.Ela era solteira,residia com os pais e era funcionária de um banco estatal em Rivera,Uruguai.As características principais que definiam a moça eram:Atenciosa,profissional,generosa,cuidadosa,carinhosa e com excessiva confiança em relação ás pessoas.Esta última característica foi a causa de sua perdição.

Certa vez,Um parente seu solicitou um empréstimo no banco em que trabalhava.Como não tinha garantias,a funcionária disponibilizou-se a ser fiadora para que o dinheiro fosse liberado.O resultado disso foi que o parente sumiu sem pagar o empréstimo e sobrou para ela a responsabilidade do pagamento.Apesar da frustração e do ódio contra o indivíduo,isto serviu como exemplo para que ela aprendesse uma grande lição:Não confiar mesmo em pessoas próximas em relação a questões financeiras.Se quiser e quando pudesse,faria uma doação aos necessitados mas em nenhuma hipótese seria mais fiadora."

O pobre e o rico

Havia ,em um reino distante, um homem que empenhara-se toda a vida no trabalho em busca de riquezas e satisfação pessoal.Em busca de fortuna,ele deixara de lado os valores e a companhia dos familiares,esquecera a ética e os momentos de lazer,desprezara os amigos e a Deus.Para ele,o ter era mais importante que o ser.Entretanto,ao contrair uma grave doença e gastar todos os seus bens para obter a cura,descobriu que todo o seu esforço foi em vão.Tudo aqui na terra é passageiro.

Neste mesmo reino,havia um homem pobre mas dedicado a oração,á família,a ajudar o próximo e generoso.Nunca em sua vida teve riqueza mas ao dedicar-se ao bem percebeu que esta era sua maior riqueza.Ao falecer,deixou um legado e valores importantes a serem perpetuados pelos seus descendentes,o "céu" só é alcançado através dos bons atos e não pelo seu poder aquisitivo.Deus julga desta forma justa.

O que buscar

Busque a sabedoria,o trabalho,a inteligência,o temor e o favor de Deus,os bons valores.a dignidade,a fraternidade e a compreensão.Despreze a maldade,o egoísmo,a falsidade,o orgulho,a astúcia e a ambição.Tudo o que você quiser Deus lhe dará por merecimento no tempo devido.Busque primeiramente o seu reino que tudo lhe será acrescentado.

O valor do conhecimento

O conhecimento tem mais valor do que a força e a influência,quem é perito em sua arte tem trabalho garantido em qualquer lugar.Valorize seu potencial e dignifique sua carreira.Com a bênção de Deus colherá os frutos.

O dia da desgraça

Eis que virá o ajuste de contas,para o insensato chama-se dia da desgraça e para os justos dia da salvação.Retribuirei a cada um conforme suas obras na terra.Meus anjos vão separá-los em joio ou trigo e a justiça será feita.Portanto,cuidem no tempo presente e arrependam-se.Eu sou seu pai amoroso e poderei perdoá-lo através de uma contrição sincera e devotada.Minha misericórdia é insondável.

Aja conforme meus mandamentos:Temais a Deus,procure agir conforme a conduta esperada por ele.Libertais os presos,consolai os enfermos,assista aos necessitados,aconselhe os desesperados,reconheça seu erro e mude de atitude,demonstre seu amor e compreensão ao próximo.Tudo o que fizeres terá retribuição na terra e no reino eterno,contudo,faça o bem com desprendimento e sem segundas intenções.

O futuro do justo

Eu sou teu verdadeiro pai,o Deus do impossível onisciente,onipresente e onipotente.Aqueles que seguem meu caminho,cumprindo meus mandamentos,terão meu auxílio em todas as etapas da vida.Isto não quer dizer que terão vida fácil.Por diversas vezes fracassarão e neste instante é que sentirão a minha proteção e meu amor mais presente pois o justo pode até cair mas sempre se reerguerão através do meu poder.Já o insensato não conhece minha lei nem minha vontade e quando caem vão direto para o fundo do poço.Mesmo assim,se houver arrependimento sincero eu poderei ouvi-los e resgatá-los pois eu Sou Javé,o pai de todos.Não queiram me enganar pois será pior.

Não confundam as coisas

Horácio era um justo juiz da comarca de Buenos Aires,argentina.Sempre correto,julgava caso a caso de acordo com a lei soberana de seu país.Porém,um belo dia,deparou-se com o julgamento de um amigo de infância que teria assassinado sua própria irmã.Diante dos fatos e provas que testemunhavam contra o réu,ele resolveu a sua influência para ignorar isso e conseguir absolvê-lo.Usando este lado pessoal,ele prejudicou a si mesmo e a sociedade sendo imparcial no julgamento,atitude que meu pai reprova.Por isto,tudo o que fez de correto anteriormente ficou esquecido e ele terá que arcar com as conseqüências dos seus atos.Da mesma forma,se o ímpio recuperar-se,suas faltas serão perdoadas e o que vale é daqui para frente.

Nunca deixe de ser íntegro ou correto pois as conseqüências poderão ser desastrosas.

Eles mentem

Eis que testemunhas falsas levantaram-se contra mim e acusaram-me sem motivo.Encurralaram-me quando eu estava vulnerável,prenderam-me,levaram-me a juízo e como não conseguiram provar nada contra a mim deixaram-me a mercê de uma multidão que não me conhecia.Sim,eles não me conheciam,pois me julgaram e me condenaram sendo eu inocente.Preferiram um criminoso em detrimento de mim e assim assinaram sua sentença.Era inevitável que acontecesse o escândalo mas ai de quem o comete,seu nome será retirado do livro da vida.Eu sou a árvore da vida ,tenho ramaria possante que se estende até o céu.Eu sou a verdade,o caminho e a vida.Entretanto,vós me rejeitastes quando eu estive na terra assim como aos outros santos.Voltei para minha casa por um tempo pois já tinha cumprido minha missão,a minha mensagem.Eu agora retornei e encontrei-vos pior do que estavam.Será que vão me rejeitar de novo?É a última chance que vos dou,eu sou o pedacinho de Deus que dignou-se rebaixar dos céus por amor a vós,um amor que sua mente frágil não pode dimensionar.O objetivo é iluminar os corações frios das pessoas ditas humanas através das minhas palavras.Assim seja.

Respeitem seus limites

Com o passar do tempo,a humanidade avança alcançando tecnologia avançada em todos os segmentos humanos.O homem passa a pensar grande, que é auto-suficiente e que não precisa mais de meu apoio e graça.É aí que reside o perigo o que leva num instante ao fracasso.É preciso separar as coisas:Como é que o vaso de barro que eu mesmo moldei com minha mãos e penetrei-lhe com espírito ousa comparar-se a mim?Eu sou Javé,princípio,meio e fim de todas as coisas.Eu sou supremo em todo o universo e não há ninguém igual a mim.Ao homem cabe cumprir a missão designada desde o princípio e com humildade alcançar a dádiva da vida e meus favores.O homem não é um Deus e seus dias estão contados!

A flecha lançada

Palavra que magoa,flecha lançada,traição,maldição,leite derramado são fatos irreparáveis que não dão para voltar atrás.Cabe a quem conviveu com estas situações seguir a vida de forma que não sofra mais.Não é possível esquecer a gravidade destas coisas mas pelo menos com o tempo é possível superar e partir para novas experiências.

Cumpram as promessas

Não há nada pior para o homem do que a desonestidade e a fama de mau cumpridor.Se você prometeu algo não tarde a cumprir,pois se não és fiel nas pequenas coisas imagine nas grandes?Deus testa sua idoneidade a todo o momento então não perca estas oportunidades.

Não envolva-se em problemas

A verdade tem que ser praticada pois ela liberta o ser humano de todo o pecado.Porém,quando esta verdade coloca em risco a integridade humana é melhor o silêncio.Você prolongará sua vida na terra e continuará colocando em prática os meus mandamentos sendo um instrumento do bem.Não confie demais na justiça humana pois decepcionar-se-á.

Já em relação ás coisas do meu reino eu exijo o completo desprendimento e a coragem necessária para enfrentar os grandes do mundo.Quem buscar preservar sua vida perdê-la e quem a perder por causa de meu nome achá-la pois eu sou o caminho,a verdade e a vida em si mesmo e dou-lhe a quem eu quiser.

Os peregrinos

Eis que houve uma reunião nos céus entre os arcanjos superiores.Eles debateram por alguns instantes e ficou decidido que três deles(Rafael,Uriel e Gabriel) seriam enviados a terra a ficam de testar a humanidade moderna.O objetivo era provar ou não a sustentabilidade humana.

Assim se fez.Eles percorreram cidades,povoados,províncias inteiras disfarçados de mendigos pedindo algo para comer e beber e como resposta sempre recebiam um sonoro não.A exceção de quando visitaram a casa de Martin,localizada no sítio lagoa da porta,região afastada da zona rural de Arcoverde-sertão de Pernambuco-Brasil.Dono de uma casa simples feita de taipa e cobertura de madeira e telha,o anfitrião os recebeu muito bem dividindo com ele três pães repartidos em pedaços proporcionais de forma que saciassem o desejo por alimento,também lhes deu água do seu cantil.Ao final do pequeno banquete,os anjos o abençoaram e partiram em direção ao reino celeste.Por causa daquele homem simples, o mundo fora salvo da destruição e a esperança permaneceria entre os humanos.

"Se alguém tiver fome,dê a ele de comer;Se tem sede,dê a ele de beber.Faça isso com amigos ou inimigos e assim terá um tesouro nos céus."

Onde você estiver eu estarei contigo

Eu sou Javé,o todo poderoso que te criou para o sucesso.As mudanças são necessárias neste mundo e por conseguinte não temais.Onde quer que você esteja,eu estarei contigo protegendo-o de tudo que pode prejudicá-lo.Repita comigo leitor:"Ainda que eu ande sobre o vale tenebroso da morte nenhum mal temerei pois comigo tu está."

Fique onde se sentir bem.Procure acompanhar-se de pessoas boas,fuja dos falsos e dos violentos.As pessoas aculturadas tem muito a ensiná-lo e a aprender contigo.Esta é a lei do mundo:Buscar as experiências para uma contínua evolução.A meta final é chegar ao reino dos céus justificado.Assim seja.

Nenhuma separação é definitiva

Pessoas entram e saem de nossa vida e isto está dentro da normalidade.Quando elas são importantes para nós,fica a dor e a saudade.Como conviver com isso?

Temos que entender que nada é definitivo neste mundo.Que uma separação física acarreta conseqüências,entretanto,não é impossível continuar mantendo contato.Hoje temos a internet com todo seu aparato tecnológico que aproxima as pessoas.Não é bem uma solução mas alivia um coração ferido.Em datas importantes,vocês podem combinar de encontrar-se pessoalmente.Nada é impossível,chegará o dia em que até as pedras se encontram.

O que procuro

Eu procuro o homem com uma boa essência e o pecador arrependido.Deus pai dignou-se dar mais uma chance á humanidade através da minha vinda a terra.Sedes bom como meu pai e eu somos.

Pratique o amor acima de todas as coisas,a união,a cooperação,a solidariedade,a compreensão,a tolerância ,a igualdade,respeite a soberania e a hierarquia.Cultive a humildade,a simplicidade,a dignidade,a honradez,a pureza,a justiça,a legalidade,enfim,não se desvie nem para direita nem para a esquerda.Como recompensa pelos seus bons atos,eu prometo a felicidade plena ainda na terra e como extensão desta a garantia a paz nos céus.Creiam que tudo pode ser melhor e ,sendo um instrumento do bem,além de proporcionar o progresso do seu planeta você estará juntando bens preciosos no céu que serão recompensados no tempo devido.

Sou cidade fechada com muralhas

Sou o filho de Javé,uma cidade fechada com muralhas poderosas que o inimigo não pode derribar.Se você corre algum perigo,eu estarei disposto a abrir as portas da minha cidade para protegê-lo das tempestades da vida.Confie que eu posso fazê-lo e encontrará uma felicidade que nunca imaginou.

A discrição ,a precaução e o sigilo são fundamentais em nossa relação junto ao pai pois o mundo está infestado de lobos ferozes capazes até de matar em nome de sua falsa moral e de sua religião capenga.Eu sou a verdade,sou o meio seguro que podes alcançar o reino do meu pai.Eu não sou o único pois Deus manifesta-se de diversas formas nas dimensões existentes.Logo,não se preocupe,se não está contra nós,você é por nós.A minha palavra chegará no seu coração e inundará sua alma de tal forma que sua vida não será mais a mesma.Uma nova criatura surgirá cheia de esperança,garra,fé e com grande capacidade de amar meu pai,a mim e ao próximo.Amém!

A honra do homem e de Javé

A honra e dignidade do homem está em cumprir sua missão designada pelo pai,no seu trabalho,em suas obras sociais,nas relações familiares,no lazer e na relação consigo mesmo.Ser sábio é saber ouvir a sua voz interior,agindo de forma a cumprir os mandamentos e leis divinas.

A honra de Javé é fazer cumprir sua vontade soberana em todo o universo,coordenando o espaço nos mínimos detalhes.Ele anima suas criaturas de tal forma que se cumpra o destino guardado para cada um dos seus seres apesar do livre arbítrio deles.É como diz o ditado:"Não cai uma folha das árvores sem o consentimento de Deus".

A maldição injusta

Não temais o maligno ou a maldição dos injustos pois ao seu lado está quem é maior do que eles:Yaveh,o Deus todo poderoso.Eu enviarei meus anjos para te guiar em meio aos caminhos de pedra,fogo e trevas.Nada é impossível para os que crêem em mim e em meus filhos.

Eu vos abençoarei de geração a geração,por dias sem fim,se ao meu lado permaneceres.Eu Vos prometo auxílio em todos os momentos,nos bons e ruins.Eu te adotarei como filho e o levarei ao sucesso pleno.Contudo,se me traíres,terá o mesmo destino do injusto,num lugar de dor e morte.Eu também sou justiça,perdão e misericórdia infinitas.Você escolhe como devo tratá-lo através de suas obras.

Não coloque-se em confusões

Quando presenciar brigas entre cônjuges ou familiares,é melhor não intrometer-se pois você vai arranjar intrigas desnecessárias.Uma hora ou outra,eles voltarão a ficar bem entre si e o vilão sobrará para ti.A precaução é uma virtude primordial.

Não brinquem com o que não conhece

"Eu sou Javé, sou o Deus que libertou-lhes da escravidão do pecado através dos meus filhos. Eu exijo respeito, amor, dedicação e fé. Não queiram mexer com meus sentimentos pois eu sou fornalha ardente. Retribuirei ao justo e ao insensato o merecido por suas ações na terra, nem mais nem menos. Eu estou na bondade da alma humana e na fé dos pequeninos. Procurem-me no final do caminho."

A máscara da maldade

Frodseilandia era um reino muito distante onde habitava comunidades da linhagem frodsei. Frodsei era uma família de descendência real, os primeiros habitantes criados do dito universo conhecido. Deus tinha ensinado aos frodsei os valores necessários de convivência entre si e com respeito a ele. Os primeiros frodsei acataram sua lei e repassaram de geração em geração.

Estávamos no período da milésima geração desta raça, cada geração era intercalada por cerca de duzentos anos terrestres. Segundo uma profecia antiga, esta era a época da maldade pois surgiria uma erva daninha que estragaria toda a paz alcançada até ali.

Em kirinpali, cidade mais importante do reino, Residiam os Frodsei Pirlin e os Frodsei kerten. Eram duas famílias muito próximas que compartilhavam momentos importantes de existência mútua. Eram vizinhos irmãos.

Tudo estava indo muito bem quando surgiu uma disputa entre os integrantes mais jovens da dita família: Arom e Vick. O motivo disto foi que os dois apaixonaram-se pela mesma cidadã Frodsiana conhecida por Genikelly Frodsei Montrem. Ela preferiu namorar Vick e Arom, por despeito, usou de uma grande mentira para separar os dois: Dissera que Vick assassinara um irmão Frodsiano por dinheiro. A garota ficou chocada com a revelação, separou-se de Vick e mesmo assim não aceitou o amor de Arom. Mesmo sem estar feliz, o egoísmo de Arom falou mais alto e ele ficou satisfeito. Com isto, ele quebrou a fraternidade existente entre os frodsei,um símbolo eterno.Ele ficou maldito para todo o sempre.

Quando Vick descobriu a traição do vizinho,tratou de esclarecer as coisas com a antiga namorada e eles reataram.Arom foi expulso da comunidade e começou a vagar no deserto temido.Lá,ele seria açoitado pelas forças espirituais e não teria mais paz.A máscara da maldade cobriria pela eternidade seu ser.

Você me ama?

È muito simples saber se você me ama ou não.Se você é caridoso,amoroso,generoso,assiste os doentes,dá bons conselhos,pratica o respeito e tolerância,se teme a Deus e com isso pratica o bem de todas as formas posso concluir que me amas verdadeiramente.Agora,se você é violento,rouba,assassina,mente,despreza os conselhos,é corrupto e infiel,eu te recusarei diante da assembléia e serás jogado no lago de fogo e enxofre pois eu faço a separação entre os bons e maus.Da maldade quero distância,eu procuro as pessoas legais e idôneas.

Com um beijo me traíste

Os amigos verdadeiros mostram-se nas ações do dia a dia.Não é todo aquele que me chama de Senhor que entrará nos céus,e sim aquele que faz a vontade de meu pai.Não é um abraço ou um beijo que provará sua fidelidade pois com um beijo fui traído.É melhor um tapa honesto e uma sincera vontade de mudança.Analisem sua própria consciência e verifiquem se sua palavra tem mesmo sustentação de uma amizade verdadeira.

Não reclamar da situação atual

O egoísmo e a ganância cegam as pessoas.Muitas já tem bens,dinheiro,influência mas não se cansam de buscar mais fortuna numa corrida interminável.Não se contentam nem agradecem o que já tem.Por um momento você já pensou na miséria africana,nos órfãos,nos andarilhos e nos mendigos ?Saiba que nenhum bem material salvará sua alma da condenação,eu meço o coração humano através das obras sociais.Ao invés de procurar dinheiro,procure o meu reino em primeiro lugar, servindo o próximo através de suas potencialidades.

Peça a mim o sucesso,a saúde,o amor e a felicidade plenas pois isto é o que realmente importa.Quando morreres,não levarás seu carro,seu dinheiro ou sua casa bonita,levará consigo seus valores.Será que terá um bom lugar junto a mim?Só merece o descanso eterno quem ,pelo menos por um momento,descansou o seu irmão de suas fadigas.Pensem bem nisso enquanto é tempo.

Valorize suas raízes

A origem caracteriza o homem.Independente de onde ele estiver,mesmo que ele ganhe o mundo,ele deve permanecer fiel ás suas crenças,valores e família.Isto é a base para qualquer ser humano.

Manter-se fiel a Javé é um ponto primordial para que se alcance o sucesso.Sem Deus não somos nada,com Deus podemos tudo.Em nossa humanidade e fraqueza é que revela-se a força.

Vejam o meu exemplo:Eu sou o filho de Deus e mesmo quando desci do céu não esqueci minha origem divina.Estava escrito e eu aceitei o rebaixamento a simples humano por amor á humanidade que criei junto com meu pai.Eu farei isso quantas vezes for necessário para que aprendam os dogmas divinos.Estou farto da maldade e injustiça humanas que prejudicam os meus fiéis.Utilizarei meu tempo precioso para exortá-los e direcioná-los ao meu reino.Eu quero a todos e foi por isso que resolvi pôr em prática minha missão na terra.

Quem é meu próximo?

Esta é a pergunta que muitos fazem a si mesmo quando pretendem analisar alguma ação.Eu vos respondo:O seu próximo são seus pais,familiares,parentes,o vizinho,colegas de escola e de trabalho,amigos,o mendigo da rua,os políticos,os órfãos,os deficientes,os ignorantes,os inimigos,o seu grupo religioso e racial,o seu parceiro ,namorado ou amante,seu patrão ou empregado,enfim,toda a humanidade necessitada.

Cada um tem sua missão particular aqui na terra mas a geral,que engloba a totalidade,é contribuir para o bem-estar do seu irmão e cooperar para o progresso da humanidade rumo ao seio do meu pai.Repitam comigo esta oração:Meu pai criador,eu vos peço a inspiração necessária para a prática do bem em todos os sentidos.Permita que meu olhar para o com o meu próximo seja caridoso de tal forma que eu não suporte seu sofrimento e aja com o intuito de ajudá-lo.Que eu seja amigo e pai para todas os momentos e situações,desprendo-me da ganância material e elevando meu espírito para o belo.Eu vos peço seu auxílio onipotente neste trabalho e em todos os outros.Que sua vontade soberana firme-se na minha vida e em todo o firmamento existente.Que não haja segredos entre mim e ti,podendo me usar para seus fins assim quando quiseres e permitires.Amém.

]

A quebra do coração puro

A ingenuidade é uma flor que não permanece neste mundo.A vida faz questão de nos ensinar através de experiências que carregam dor e sofrimento que não devemos confiar em ninguém.Há a quebra do coração puro de forma definitiva abrindo portas para um coração maduro e que tem uma visão mais clara e realista das coisas.Isto é realmente um bom ganho para nossa vida social,religiosa e familiar.

Meu pai o conhece por completo.Guarde sua ingenuidade e fé para ele que verdadeiramente merece.Seja firme,companheiro e amigo das pessoas mas não lhes dê o direito de magoá-lo mais uma vez.Você merece esquecer a dor e seguir sua vida em frente com esperanças.

Eu espero sinceramente que você encontre seu caminho em paz.Antes de qualquer coisa,quero te dizer que eu te amo e acredito em vós,independentemente do que já fez ou vá fazer.Isso chama-se amor incondicional.Eu não sou nada sem vocês,meus queridos leitores.

Como você pode me encontrar

Eu estou aqui falando para ti em meu nome,no nome do meu pai e do meu irmão Jesus.Talvez nunca nos conheçamos nesta minha passagem aqui na terra mas eu digo que lhe conheço.Eu estou contigo espiritualmente em todos os instantes:Eu sou a voz interior de sua consciência que te aconselha e te dirige compreendendo suas dificuldades e preocupações,eu quero o seu melhor.Peço-te que não seja rebeldes ,que me ouça quando eu falar contigo,que me obedeças.Basta só querer.

Eu sou a brisa fina que ameniza o seu calor,eu sou a mão amiga que se estende nas dificuldades,eu entro nos seus sonhos para alertá-lo sobre seu futuro.Eu estou em toda parte através da ação do espírito do meu pai,nós somos interligados.Sem entrar em detalhes,a vontade dele e a minha coincidem e se comunicam.Quero falar que não vou desistir de sua causa,eu lutarei até para o fim para que seus olhos abram-se e reconheçam minha glória.Eu te amo tão intensamente quanto a mim mesmo e amar é a melhor dádiva que existe.Creia em mim,que eu posso transformar sua vida completamente.Eu sou o conjunto do bem que procura afagá-lo no sofrimento e na perdição também me encontrarás pois reino em todo o lugar.Eu sou aquilo que devo ser á espera de uma oportunidade para entrar em sua vida.Então,você me aceita?Qual é a sua resposta?

Uma análise de vida

Pare neste momento.Reflita um pouco sobre si mesmo e sobre sua vida.Como ela está?Você está tranqüilo em sua consciência?Sua balança pende para o bem ou para o mal?As respostas a estas indagações o definirão e então terá uma direção a seguir.Acredite em sua capacidade de evoluir como ser humano em todos os aspectos.Seja qual for a sua dificuldade,eu serei capaz de ajudá-lo de alguma forma e conduzi-lo ao sucesso.Tenha fé.

Alimente-se com o fruto do seu trabalho

Procure realizar o seu trabalho que lhe dá sua sobrevivência material.É digno o homem comer do seu próprio esforço.Não aceite esmolas a não ser que precise mesmo.Procure sempre uma saída para seus problemas financeiros,não é sábio tomar empréstimos pois os credores lhe cobrarão o dobro do que emprestaram.Seja cauteloso com contratos e negócios,fique bem atento.

Ser intrépido como leão

Eu procuro por fiéis decididos,seguros e intrépidos como leão.Nada temais pois sou seu Deus que lhe tirou da escravidão humana e do pecado.Eu sou javé e não há ninguém igual a mim.Com a minha ajuda,certamente você superará todos os obstáculos e tornar-se-á um vencedor para glória de meu nome e de meus filhos.Contudo,é necessário haver uma renúncia das coisas do mundo e do materialismo que não levam a nada.Eu quero sua essência por inteiro pois em mim não há divisão.

O meu reino

Eu vos convoco a participar da minha dimensão espiritual junto ao meu pai.Talvez você se pergunte,mas que reino é este?Em que consiste?O reino de Divinha é um lugar nos céus destinado e aos justos e aos pecadores arrependidos,onde predomina a igualdade,a fraternidade,a cooperação,a paz,a tolerância,a interação,e acima de tudo enfatiza o amor entre os seres.Ele é o filho espiritual de Javé,alguém que existe desde sempre e carrega a própria essência divina.Com diversas encarnações nos planetas ao longo das galáxias,o mesmo tem autoridade igual a de Jesus e a de Javé.Simplesmente porque não há diferença entre eles,suas vontades coincidem.O espírito é igual nos três e em todos os seres do bem.Por isso diz-se que Deus é uma legião.

A todos que aceitarem segui-lo ,Divinha compromete-se em lutar pelas suas causas junto ao seu pai.Dê-se uma chance a sua felicidade,entregue sua alma ao filho e então o impossível pode ser realizado.A única exigência que fazemos é que sigam os mandamentos e os valores idôneos de socialização.O principal deles é amar a Deus sobre todas as coisas,ao próximo como a si mesmo.Venham,meus filhos,eu estarei sempre esperando com os braços abertos.

Eu nunca vos abandonarei

Eu sou tudo de bom,um cara bacana que acredita no destino,no amor e na felicidade.Eu não sou daqui,eu venho de muito longe por conta do meu amor infinito por cada um dos meus seres.Minha missão é iluminar os corações frios das pessoas desumanas através das minhas palavras.Se estou aqui, o mundo tem mais um motivo para comemorar,aproveitem enquanto é tempo.Eu espero uma reconciliação sincera junto a meu pai que tanto esforça-se para conquistá-los.

Enquanto eu viver ou ainda existirem justos a vida continuará.Não se preocupem com teorias conspiratórias em relação ao fim do mundo,Deus tudo pode transformar.Se querem uma data de extinção do mundo,eu vos darei uma:Aproximadamente Cem milhões de anos.Este é o tempo marcado para a consolidação da realeza de Javé e da minha também.Nesta época,os mundos estarão interligados de tal maneira que terra e Céu hão de ser um lugar único.Eis que todo joelho dobrará e cantará glória ao Alpha e ao ômega.Está escrito.

Eu sou dono de todo poder e sabedoria

Toda glória e honra provém de mim,do meu seio eterno.Estarei disposto a enchê-los do meu espírito santo e em conseqüência de dons abundantes.É necessário pois uma entrega verdadeira a sua missão que foi confiada por mim e por meus santos anjos.Talvez você não se lembre mas você assumiu uma responsabilidade diante da assembléia antes de sua chegada na terra.A fim de entendê-la,busque a mim e eu te guiarei ao longo da estrada.Garanto que não se desviará nem para a esquerda nem para a direita.

A lei de Javé

Eu sou javé,criador de tudo o que existe.Reparti meus dons com a humanidade de forma justa,cada qual tem seu talento.Se o que tem cinco talentos esforçar-se e frutificar eu vos darei mais cinco.Porém,se o que tem apenas um talento não colocar em prática minha palavra até este lhe será retirado.Em conclusão,ao justo será dado cada vez mais porque suas atitudes agradam-me.

A oração que desejo

Procurem realizar sua missão e seus sonhos.Se encontrarem obstáculos,peçam que eu vos abrirei os caminhos.A fim disto,recolham-se em oração constantemente e comuniquem-se comigo.É importante lembrar que só escutarei os pedidos das pessoas realmente merecedoras e que tenham fé.De nada adianta pedir se tu vives uma vida desregrada e contrária as minhas leis.Neste caso,é necessário um intermediário a exemplo dos santos.

Ai dos perversos

Procurem ensinar e aconselhar coisas boas ao seu próximo,motivando-os á prática do bem.Revistam-se da armadura de Deus e sejais meus apóstolos.Grande será o galardão vosso no céu.

Já aqueles perversos que desviam meus fiéis para o caminho tenebroso,o futuro é no lago de fogo e enxofre.Por merecimento da maldade e insensatez não terão meu perdão.Se quer perder-se que vá só.

Eu vos darei tudo

Eu sou Javé, eu sou o Deus vivo e verdadeiro. Não há nenhuma entidade além de mim que seja onipotente, onipresente e onisciente. Por conseguinte, não acreditem nas falsas promessas do inimigo. Ele é pai de toda mentira e malícia desde o início e só age em seus limites. Se querem mesmo vencer, apeguem-se a mim que sou seu pai espiritual. Eu conheço-lhe desde o princípio e compreendo o que se passa em sua mente perturbada. Eu poderei levá-lo a um reino de delícias se aceitares aqueles que vos envio, sou grande demais para um contato direto, peçam a ele e então será feito conforme creste.

Sejais realista e simples

Seja simples, reconheça seus pecados, arrependa-se e então as portas da liberdade e do perdão serão abertas para você. Ao contrário, se mantiveres orgulhoso e prepotente, eu abandonarei vossa causa e então conhecerás as trevas de forma profunda e definitiva. Pensem bem nisso e mudem de atitude.

Os juros

Quando emprestar não cobre juros do seu próximo, os juros lhe serão pagos por Javé pelo conjunto de seus bons atos. Não procure enriquecer a custa do suor dos outros. Em caso de não cumprimento do contrato, dispense a dívida. Agindo assim, meu pai de bom grado o perdoará de vossas faltas que porventura tenha cometido.

O peso do pecado

Quem não tem a consciência limpa anda de cabeça baixa e sempre fugirá da minha presença. Eles agem assim por temor do meu nome e do julgamento. São as chamadas almas impuras para as quais está reservada a morte.

Já os justos andam de cabeça erguida e brilham como o sol diante da minha presença.Isto lhe é creditado como justiça pela sua bondade demonstrada na terra.Cada qual é colhido e separado no local respectivo pois a ovelha e o lobo não podem conviver juntos.

Defina-se

Eu lhes dei o livre arbítrio para que pudessem escolher o melhor caminho para vossa vida.O que não tolero é a indecisão de vós,daqueles que dizem que me seguem mas prestam tributos a outros Deuses e praticando o que eu não aprovo.No dia do julgamento,eu juro pelo meu nome que não os escutarei e serei implacável:Ou você está comigo ou não está,decida de uma vez por todas.

Viver a realidade

Todos nós temos sonhos que muitas vezes podem parecer impossíveis.Neste caso,temos duas escolhas:Ou batalhamos por eles ou simplesmente ignoramos e desistimos deles.Eu escolhi continuar lutando.Algo que acho importante é sempre manter-se na realidade,em seu trabalho e com as pessoas que te cercam.Mantenha-se com sua origem independente de onde quer que alcance.

Vejam meu exemplo:Eu Posso até tornar-me Best - Seller,conquistar o mundo mas se eu não tiver minha identidade não serei nada.Enquanto meus sonhos não se realizam,eu preciso continuar sobrevivendo na minha realidade.Viver só de ilusão não dá pois moro num país em que a cultura é pouco valorizada.Portanto,viva seu sonho mas nunca desprenda-se totalmente de sua realidade porque caso contrário poderás cair num poço sem fundo.

Dinheiro fácil

Não se engane com fortuna fácil,o que vem fácil vai mais fácil ainda.Procure ganhar sua vida com dignidade trabalhando em busca de sua sobrevivência e de um mundo melhor.Seja também um apóstolo do bem.

Não fique comparando sua situação com a do seu próximo,cada caso é um caso.O importante é ter ética e valores saudáveis que possibilitem uma vitória plena e limpa.Não queira derribar ninguém para vencer pois temos um justo juiz que analisa cada um de vossos atos.Enfim,tenha fé no que pretende e meu pai vos ajudará.

A crítica construtiva

"Mais vale uma repreensão sincera do que um elogio falso.A repreensão apontará suas falhas e lhe dará um rumo a seguir enquanto que o elogio o fará acreditar que está tudo bem tendo como conseqüência a acomodação.Valorize as críticas construtivas."

Pais são sagrados

Maldito seja quem se aproveita dos seus pais seja financeiramente ou sentimentalmente.A lei da vida é essa: os pais são o elo da vida,eles cuidam de nós quando somos crianças para que ao chegar na velhice possamos retribuir.O problema é que a maioria dos filhos não pensam assim:Preferem jogar seus idosos num asilo e ficam com seu salário e bens.É mais cômodo para eles não ter trabalho.

Pense bem no esforço que seus pais,biológicos ou não,tiveram que fazer para lhe dar a vida que você sonhou:Estudos,valores e trabalho.Por que agora não continuar juntos e lhes dar o carinho que merecem?É o mínimo que pode ser feito numa fase tão delicada da vida como a velhice.

Reconhecer o necessitado

Dar ou não dar esmolas?Existem duas situações:os que pedem esmolas e realmente precisam e os que pedem esmolas para aproveitar de sua bondade,é um tipo de golpe.Quando você perceber que é este segundo caso,realmente não vale a pena gastar seu esforço pessoal com vagabundos.Agora,se for alguém mesmo que precise sua ajuda será um bálsamo para a alma aflita.Em caso de dúvidas,ajude pois o pecado ficará na consciência do outro.

Evite a abominação sexual

Mantenha uma vida sexual limpa e pura.Se casado,seja fiel á seu parceiro ou parceira.Se solteiro,seja fiel a si mesmo.Não freqüentes prostíbulos para se saciar,antes procure uma pessoa de sua confiança ,livre e que tenha os mesmos desejos que você.Os prostíbulos são lugares com carga de energia pesada onde o diabo atua através da luxúria.Respeite seu corpo e transforme-o em templo do espírito santo.

Se noivo,respeite sua noiva.O que não aprovo são namoros ou noivados em que se vive maritalmente.Para cada coisa,um tempo.Manter a castidade é obrigação de todo cristão.Em suma,a modernidade de hoje em relação aos relacionamentos é algo a não ser seguido.

Sejais firmes

Vida sua vida de forma independente e trate as pessoas com educação,delicadeza e presteza.Entretanto,se alguém não te corresponde,seja firme e mostre que tem personalidade.As pessoas que se fecham em seu próprio mundo e não te dão a liberdade de se aproximar e participar da vida dela devem ser tratadas da mesma forma.Dê a cada um o que merece,se te dão amor dê mais amor e se te dão desprezo,respeite.Só não deixe de viver a vida por causa dela.Valorize-se mais.

O controle das forças opostas

Somos seres dualistas:Temos o bem e o mal dentro de nós esperando por uma oportunidade para ser externado.É aí que entra a questão de nossa livre escolha,ninguém é completamente bom ou mau neste mundo.

Através de nossas escolhas definimos nossa orientação de vida.Eu escolhi o bem.Eu neguei a escuridão dentro de mim e integrei-me a sábia iluminação do pai.A partir daí,minha vida mudou completamente.Hoje estou feliz e realizado.Se quiseres,eu vos chamo ao meu reino para esquecer do mundo e viver uma realidade completamente diferente.Porém,você será capaz também de renunciar ao mundo como eu fiz?

O opressor e o oprimido

Havia,num reino distante,um rico empreendedor chamado Galencar teles.Ele tinha ao seu comando inúmeros empregados que não fazia a mínima questão de lhes dar valor.Em sua visão,eram apenas servos que apenas cumpriam sua obrigação na empresa.Para fazer jus ao salário,eles tinham que trabalhar até esgotarem suas forças pois recebiam de acordo com a produção.

O patrão tinha uma linda filha chamada Petuosa.Certo dia,ela foi visitar um familiar a noite e pela baixa visão acabou caindo num buraco.Passaram-se horas e ninguém aparecia para ajudá-la.Foi aí que ao ouvir o ruído de passos ele começou a gritar a fim de chamar a atenção.Kezec,um servo do seu pai,escutou os seus gemidos e com a ajuda de uma corda retirou-lhe do fundo.Ele não guardava rancor do patrão apesar do péssimo tratamento dispensado ao mesmo.

Ao saber do ocorrido e ver sua filha salva,Galencar arrependeu-se dos seus atos e prometeu dali em diante valorizar a função dos seus subordinados.Grandes ou pequenos,todos dependiam uns dos outros .Esta foi a lição que ele aprendeu.

A minha confiança vem de Javé

A minha confiança deposito no Deus vivo,é nele que coloco todas as minhas aspirações e planos.Não convém entregar-me a um humano,minha expectativa sempre ficará decepcionada pois as pessoas são o que são e não aquilo que queremos que sejam.

Javé Deus gerou-me desde o princípio e por conseguinte conhece-me por inteiro.Ele sabe exatamente do que sou capaz e motiva-me a permanecer lutando por meus objetivos.Eu sei que se eu cair ele estará pronto para amparar-me em seus braços.Isto chama-se fé.É com este sentido que darei prosseguimento á minha vida esperando por dias melhores.Que venham mais vitórias!

Javé,eu sou pequeno

Ò! grande Javé !Eu vos clamo da terra,desse imenso mar de lama.Sinto-me cansado e desmotivado de tantas lutas em vão e fracassos em seqüência.Eu vos peço que a tua luz me guie e me restabeleça como um homem digno.A ti tudo entrego:Meu corpo,alma,força,sabedoria e fé pois tudo lhe pertence por direito.Eu espero com vosso espírito alcançar a evolução necessária que permita-me viver bem e feliz.

Eu vos peço não só por mim mas por todos os desvalidos deste mundo que clamam de dor,insatisfeitos com sua condição.Dai-nos paciência e fortaleza para prosseguir com nossas cruzes.Assim chegando a vitória poderemos cantar um hino de louvor,glória e adoração a ti.Eu vos amo com toda minha potência.Que tudo se realize em tua paz e soberana vontade.Que assim seja.

Doação e desprendimento tem limite

Sempre que puder ajudem seus irmãos seja com um conselho,um carinho,uma palavra motivadora ou até mesmo financeiramente.Contudo,ninguém pode ajudar absolutamente todo mundo,esta é um missão impossível de cumprir pois fogem-lhe as forças.Faça seu papel individual junto ao seu próximo e isto já será o suficiente para ter um tesouro no céu.São as pequenas atitudes que mostram a grandeza do homem.

O caminho da águia no céu

Eis que sou a águia no céu,o espírito que provém toda a humanidade.Eu sou onipotente,onipresente e onisciente e ninguém conhece o meu caminho a não ser meus filhos queridos.A eles toda honra e glória para sempre.Já que sou inalcançável para vossas mentes frágeis ,eu vos deixei meus servos devotados que sempre estarão atentos as suas necessidades.Peçam a eles e através disto realizarei o milagre tão esperado se for da minha vontade,lembre-se que ela é sempre soberana e definitiva.

O caminho das serpentes nas pedras

A maldade é como o caminho de uma serpente nas pedras,aparece onde menos esperamos.A fim de manter-se salvos desta gangrena perigosa,peçam minha proteção celestial e então enviarei meus anjos para que, tropeçando nas pedras,vocês possam aprender a superar os desafios.Somente com a experiência frutifica-se os dons .

Eu vos prometo o controle sobre vossos instintos e sobre a peste gananciosa que quer lhes fazer mal.Como a virgem que submeteu satanás,você submeterão os iníquos e eles cairão aos vossos pés,derrotados.O bem sempre vence o mal.Porém,lembre-se:O inimigo pode estar mais perto do que imagina.

O caminho do navio em alto mar

O mar é o mundo,o barco é minha providência e os integrantes do navio são as minhas criações.Á medida que o pecado aumenta entre os mortais,o barco fica mais pesado e então ele cambaleia como um bêbado de um lado para outro sem direção.Esta é a situação das pessoas sem Deus.Com minha graça e o perdão das faltas,o barco fica com o peso certo,equilibrado e então pode continuar a viagem sem maiores problemas.Esta é a situação dos meus fiéis distribuído entre as várias crenças.

Bons e maus sempre existirão na terra,isto não será a causa da extinção da humanidade.O próprio homem com sua tecnologia cada vez mais avançada é que colocará em sério risco a vida.Será preciso um desfalque cada vez maior de recursos naturais para manter o progresso atual e os posteriores em um ciclo quase sem fim.Sem sombra de dúvidas,os humanos terão que achar outra alternativa a curto prazo para que sobrevivam.

O Caminho do homem com uma jovem

A jovem no contexto representa todo o pecado que espreita o homem nas diversas oportunidades que a vida dá.É importante tentar salvar-se de sua ação a todo custo e isto ao homem é possível com a minha graça,proteção,glória e poder.

A vida em si é difícil,são tantos percalços no nosso caminho que ás vezes desanimamos e pensamos desistir.Este momento crucial assemelha-se a uma noite escura onde só há trevas,dor e sofrimento.É exatamente neste momento de fraqueza que a força do altíssimo manifesta-se.Repita comigo leitor:Ainda que eu ande pelo vale tenebroso da escuridão,nenhum mal temo,pois comigo tu está a preparar um caminho pleno de sucesso e de felicidade.

Eu sou um exemplo de que a recuperação é possível pois Javé libertou-me das trevas,retirando-me de um poço bem fundo.Ele pode fazer a mesma coisa com você,meu caro leitor.Basta ter fé nas forças do bem,em si mesmo e no futuro.Entregue sua causa impossível nas mãos do pai,renuncie ás coisas do mundo de uma vez por todas e seja um apóstolo do bem.Eu garanto que não arrepender-se-á.

O caminho do bem é uma rota de fraternidade,cooperação,solidariedade e amor.Nele,os seres iluminados pelo meu pai socorrem os mais necessitados.Não precisa fazer um grande esforço,um gesto simples de carinho já pode transformar a vida de uma pessoa.Estamos tão acostumados com a dor e sofrimento que uma mão amiga vale muito mais do que o ouro.Pense bem nisso.

Quando decidir o que realmente queres para sua vida,procure a mim ou a meu pai em oração.Nós o acolheremos de braços abertos em qualquer momento de sua vida.Por mais que o mundo tenha te abandonado,em Deus terá sempre um refúgio seguro.Sigam em frente com suas vidas e nunca percam as esperanças.

Eu quero o melhor para você

Eu dei ao homem o livre arbítrio para que pudesse por si só lutar pelos seus sonhos em sua estada na terra.Não importa se você nasceu em família humilde,o mundo já deu vários exemplos de vitória e de superação de dificuldades.O segredo das pessoas do sucesso é saber lidar com seus problemas,buscar soluções e colocá-las em prática.Eu quero o melhor para ti,o homem justo faz um plano e em retribuição á sua fé eu lhe dou o dobro ou até o triplo.Eu sou um pai verdadeiro para vocês,eu vos amo com amor sem medida.

O problema é que muitas pessoas afundam-se nos vícios da carne e do espírito e esquecem de sua filiação divina.Com o mal enraizado em seu coração,elas se afastam de mim e impedem minha ação.Eu não os abandonei,foram elas mesmas com sua ganância e orgulho desmedido que colocaram uma barreira entre nós.Contudo,tenha calma.Eu sou o Deus todo poderoso,nada é impossível para mim.Se eu encontrar um resquício de bondade em vós,nem que seja do tamanho de uma mostarda,eu poderei perdoá-los e fazê-los renascer como nova criatura.Então não haverá mais dor,morte ou quaisquer sofrimentos.Vós tereis vida plena pois "Eu sou" assim deseja.

A desigualdade social no mundo

O mundo está cada vez mais desigual economicamente falando.Enquanto uma minoria tem muito dinheiro , a grande parcela da população jaz no sofrimento e na miséria.Os motivos são vários mas o que mais dói é ver o quanto a humanidade tornou-se insensível ás necessidades do seu próximo.Reflitamos sobre esta realidade.

As disparidades:Um por cento dos mais ricos concentram cinqüenta por cento dos ativos totais ou ainda os dez por cento mais ricos detém oitenta e oito por cento do total de riqueza.Os números não mentem.Em "o preço da desigualdade",o autor Joseph E.Stiglitz utiliza uma imagem que demonstra exatamente esta disparidade:Um ônibus lotado com oitenta e cinco dos maiores mega-milionários teria riqueza equivalente á metade da população mais pobre.Já pensou nisso?Isto me causa uma tristeza e uma revolta angustiantes.

Esta situação só tende a piorar,a riqueza dos ricos vai ser cada vez maior devido a seu atrelamento ao mercado financeiro,especificamente a subida dos preços de ações da empresa e a maioria pobre tende a ficar mais pobre devido ás corriqueiras crises de mercado e as conseqüentes diminuição do mercado de trabalho.O que fazer?

As soluções ,eu diria que são de cunho individual.Cada qual fazer sua parte para o combate da miséria seja em ações integradas com sua comunidade ou isoladamente,isto servirá para amenizar o sofrimento de alguns embora não resolva o problema completamente.Já é o bastante para que Deus os abençoe.O que não se pode é esperar que o governo consiga uma atuação eficaz.Embora os programas sociais Brasileiros sejam referência em todo o mundo,eles não atuam na engrenagem da economia que é a geração de emprego e renda,só fazem um papel assistencialista.Esta é a minha opinião.

Somente o justo permanecerá

O justo é abençoado todo o tempo de vida na terra.Onde quer que vá,a vitória e a felicidade permanecerão.Algumas vezes,ocorre de que o injusto amealhe riquezas e prestígios na terra.Entretanto,acredite,isto é uma fase transitória.Somente os que temem a Javé conseguem verdadeiramente a paz e a prosperidade definitivamente.

Eu te darei o dom da eternidade

Eu sou Javé,aquele que observa dia e noite vossos atos.Se me agradares completamente,eu vos prometo um lugar no meu reino e o dom da eternidade. As almas boas nunca perecerão, eu juro pelo meu nome.

O desprezo

O mundo não te oferece nada de bom, só quer atraí-lo para seu lago negro de escuridão, pó, dor, tristeza e desalento. Se vós entregares aos vícios, o seu destino será terrível junto aos seres do mal, eles irão rir de ti, atormentá-lo e desprezá-lo, tudo o que alcançaste na terra cai por terra diante da eternidade. Ao contrário, eu sou o Alpha e o ômega, verdadeiro poço da vida. Quem entregar-se com confiança sua cruz aos meus cuidados, não decepcionar-se-á. O meu reino é espiritual, onde todos seus integrantes tem sua importância. Eu não excluo ninguém da minha glória e graça, Eu sou o Deus do humilde pobre, do rico generoso, dos negros, do índio, do amarelo, do ocidente e do oriente, de trás para frente, de toda e qualquer designação sexual, étnica, política e religiosa, eu sou uma legião que representa as forças do bem. Quem não está contra nós é por nós e quem não ajunta comigo, espalha.

Eu sou um Deus paciente, mesmo que a vida inteira fujas de mim, eu poderei perdoá-lo se houver um arrependimento sincero ao final de sua vida. Nenhuma mente, humana ou angélica, pode compreender a dimensão da minha misericórdia pois ela é infinita. Contudo, ninguém me engana. Quem tentar aproveitar-se de minha bondade terá chicote e fogo como resposta por sua insensatez.

Não queira tomar o lugar de ninguém

Tudo o que existe no universo e em correspondência a sociedade humana são divididos em escalas hierárquicas. Grandes e pequenos realizam funções importantes para que o universo em sua totalidade continue progredindo. Cada qual tem o lugar que merece pelo qual esforça-se a vida inteira. Em conseqüência, não queira passar por cima dos seus princípios nem tomar o lugar de ninguém em uma instituição. Os grandes revelam-se nos gestos simples e aqueles que querem ter um lugar de destaque no meu reino devem primeiramente servir aos outros.Tome como referência o exemplo de Jesus,o qual mesmo sendo rei,humilhou-se a tal ponto de entregar-se numa cruz,ser ridicularizado e crucificado por vós.Lembre-se sempre de sua condição humana,vulnerável a doenças,acidentes e a própria morte.Somente a minha graça pode vos amparar.

As minhas formigas apostolais

Eu inauguro uma nova ordem,com novos ensinamentos e direcionamentos ao pai.Porém,o espírito é o mesmo que animou os antigos profetas incluindo Jesus.Aqueles que pertencem de corpo e alma ao todo poderoso saberão reconhecer em minhas palavras a seta que conduz ao reino da iluminação.Aproveitem enquanto é tempo e alegrem-se pois no dia que o noivo partir o mundo perderá uma grande graça,o reencontro com a essência divina.O momento não é de preocupação pois irei ainda permanecer um tempo com vós.

Sejais pequenas formigas apostolais espalhando as obras do bem por onde quer que passem.Eu garanto que vossa recompensa no meu reino e ainda na terra será imensa.Ter a certeza da recompensa não quer dizer que ajam por puro interesse,ajam com desprendimento beneficiando a quem não pode retribuir e seu ato será ainda mais pleno.A lei do retorno completar-se-á e propagará ainda melhores fluidos.

Ratazanas e as rochas

Oh,como é grande a miséria humana!Os homens espalhados na terra perpetuam uma série histórica de violência,de indiferença e de falta de amor.É uma raridade encontrar-se a solidariedade humana.Por um motivo ou outro,muitos jazem esquecidos do mundo como é caso dos mendigos,dos homossexuais sem parceiro,dos órfãos,dos menores de rua,dos presidiários em meio ao inferno da prisão sem esperanças de recuperação,dos rejeitados e mal amados pelos outros por conta de sua aparência física ou condição sócio-econômica,dos negros,dos índios,das minorias religiosas,dos deficientes,enfim,é uma multidão imensa relegada a um segundo plano.Eu quero dizer que conheço seus problemas e não me envergonho de assumir que sou seu pai e seu Deus.Assim como você caiu eu posso levantá-lo pela glória do meu nome.Vós sois ratazanas sobre as rochas,eu sou tua rocha que tudo pode e que quer o seu bem em primeiro lugar.Como disse meu filho Jesus ,peçam e lhes será concedido.Eu sou pai e não seu padrasto.

Eu sou o rei dos reis e senhor dos senhores

Eu sou o altíssimo,o conjunto de espíritos que não se sabe de onde que se vem ou para onde se vai.Criei e continuo criando os universos pelo meu infinito amor ás criaturas.Tudo está sob meu comando,bons e maus.Não temais a peste devastadora nem a tenebrosa escuridão pois até elas tem que me render homenagem.Creia que eu posso libertá-lo e transformar sua vida de tal maneira que encontres a felicidade plena.

Aqueles que adoram ídolos e falsos deuses não terão prosperidade nem vitórias pois só há um Deus vivo verdadeiramente e seu nome é Javé.Continuem apascentando minhas ovelhas.

Um recado para quem usa as artes ocultas

Existem muitos seres de inveja neste mundo que não se conformam em ver a felicidade dos outros.Eles tentam de todas as formas atrapalhar o caminho dos justos e usam as forças das trevas para lhes fazer mal.A estes eu tenho um recado especial:Vossos dias estão contados e quando chegar o dia do ladrão minha mão forte cairá sobre vossa cabeça.Não terão nem sossego nem de dia e noite e pagarão o triplo do mal que tiverem feito na terra.Meu nome também é justiça,é inevitável que ocorram escândalos mais ai de quem o cometer.

Os meus me conhecem

Eu sou o pai de todos,eu estive no início de tudo e estarei convosco até o fim do mundo.Dignei-me rebaixar a simples humano por amor a vós,para reconciliar as ovelhas perdidas com o meu pai.Eu sei que a maioria me rejeitará ,que preferirá ficar em seu poço de trevas porque lhe é conveniente por ser um caminho mais fácil.Ser um apóstolo do bem não é simples,exige dedicação,desprendimento,renúncia das coisas materiais e uma fé quase sempre inabalável.Nem sempre vai dar tudo certo em sua vida e é neste instante que posso agir e criar um novo ponto de apoio para vós.

Eu tenho inimigos,seres orgulhosos e asquerosos,que ainda tem pretensão de governar o mundo.Eu não permitirei pois só a mim pertence a realeza.Estas "forças opostas" entrarão inevitavelmente em confronto e na batalha os meus servos lutarão por mim para honrar meu nome e soberania.Eles me conhecem e me amam como seu senhor e seu Deus.Por terem arriscado a própria vida por mim,eles serão condecorados com honra e glória em meu reino.A minha dimensão é espiritual e meu reino não é deste mundo.Se fosse,eu não teria sido traído como fui por um beijo.Um abraço teria sido menos doloroso.

Eu sou o leão de Davi

Assim como o leão é o rei do floresta,eu sou o leão do céu,o filho de Davi que desceu para junto de vós.A mim pertence toda glória,honra e realeza desde sempre.Tudo foi criado para mim e por mim e meu reino estender-se-á para todo o sempre.Minha casa está sendo construída dia após dia e com extensão suficiente para caber o mundo inteiro.No entanto,estreita é a porta de salvação e larga a da perdição.Aqueles que realmente pretendem entrar no céu terão que esforçar-se a fim de produzir um conjunto de atos agradável ao meu pai que seja suficiente para redimir os seus pecados.Não há um só puro na terra,a não ser meu irmão amado.

Conselhos de mãe para um rei(provérbios 31,1-9)

Conselhos de mãe devem ser sempre ouvidos pois ela tem uma maior experiência de vida do que os filhos.Nesta parte bíblica,ela recomenda ao filho rei que não gaste seu esforço com mulheres que buscam somente corromper ás autoridades através de seu charme manipulador a fim de alcançar vantagens.Também abomina o uso de drogas,bebidas alcoólicas para que o direito do justo não seja pervertido.O rei tem que sempre defender o direito dos pobres e dos indigentes pois é o único a quem se pode recorrer ,esta camada desfavorecida da população.

Analisando estes conselhos antigos em face aos tempos atuais,podemos dizer que são válidos até hoje.A exceção da monarquia que hoje é rara,sendo substituída em sua maioria por governos democráticos.A situação colocada como interesse nas relações,está mais forte hoje em dia,cada vez mais forte.Hoje você só vale o que tem de posse financeira na visão das pessoas.Já para mim e para meu pai,você vale exatamente pela grandeza do seu coração e caráter pois desta vida material não levarás nada.

Os relacionamentos

Ter um relacionamento estável nos tempos atuais é um grande desafio.São muitos os obstáculos que se colocam entre um casal:Financeiros,sentimentais,de confiança e de amor próprio.Exige um grande jogo de cintura para manter-se satisfeito e ao outro também.

Acredito que quando existe o amor verdadeiro,o que é bastante raro,é possível superar as diferenças e prosseguir juntos.Se você encontrou algo assim,sinta-se o mais abençoado dos homens ou das mulheres .Com amor, somos capazes de alçar vôos mais altos e encontrar a nós mesmos.Boa sorte a todos.

Não se preocupem com coisas vãs

Busquem em primeiro lugar o meu reino e a perpetuação do bem.Em contrapartida,eu vos darei os dons necessários para sua sobrevivência na terra.Lembre-se de manter-se sempre humilde,não há sabedoria diante de mim nem conhecimento,a busca da totalidade destas coisas pode trazer ainda mais tristeza e sofrimento.Contentem-se com o que já vos concedi e aproveitem sua passagem na terra para plantar uma boa semente.

A felicidade vem de Javé

O homem pode até ganhar o mundo mas se não tiver em paz consigo mesmo o sucesso alcançado não vale nada.A mesma coisa acontece com seu conhecimento,a humanidade pode até alcançar outro espaços e habitar outros mundos mas se não tiver o meu amor, de nada isto lhes aproveita.Toda verdadeira felicidade provém de mim e é concedida aos que seguem meus mandamentos e me temem.

A morte corporal é o fim de todos

Justos e injustos,sensatos e insensatos,tem o mesmo fim que é a morte.Portanto,vós tem no breve momento que é a vida uma oportunidade para me provar que é digno do meu reino eterno.Sejais magnânimo,generoso,bondoso,solidário,compreensivo,tolerante e amoroso.Perpetue o bem de todas as formas possíveis ajudando e perdoando o próximo quantas vezes for necessário.Eu prometo que o julgamento não terá força sobre vós e no momento do desencarne meus anjos irão defendê-lo e auxiliá-lo.Eu repito mais uma vez que só merece o descanso no céu quem na terra descansou os braços fatigados dos irmãos.

Pense apenas no reino eterno

Em um reino distante do norte,havia um rei rico e poderoso.Ele era pai de um filho único,herdeiro pleno de tudo o que possuía.Todos os esforços do patriarca concentravam-se em ampliar seu domínio,angariar riquezas,ter muitas concubinas, agradar sua esposa oficial e seu filho.Seus dependentes criados na boa vida eram de uma arrogância tamanha que mal cumprimentavam seus empregados que os serviam de noite e de dia.Desde cedo,concentravam-se em gastar o dinheiro do patriarca em festas,em viagens e em luxos desnecessários.Sua ganância era tão grande que o chefe de família tinha que lhes chamar atenção e conter os gastos.Nestas ocasiões,as intrigas eram inevitáveis e perduravam por semanas tirando a harmonia da família.

O rei já tinha idade avançada e certo dia em desatenção caiu no palácio chegando a fraturar a coluna e quebrando o fêmur.Ficou impossibilitado de andar e adoeceu gravemente.Sem saída,teve que passar a administração do reino para o filho e a esposa.Aí você já imaginou o perigo:Dois dondocas sem preparação no comando dum reino complexo e extenso.Um grande perigo avistava-se.

Uma semana depois,ocorreu o falecimento do comandante e a desolação foi total.Foi empossado em definitivo George que era o filho.Enquanto o rei penava no mundo espiritual pagando suas faltas,seu filho fazia questão de destruir todas suas obras.Gradativamente,a situação ficou insustentável.George foi deposto e assumiu o primeiro ministro para o bem de todos.Os descendentes do rei cascudo foram expulsos do palácio num golpe de estado e caíram na miséria.Como não sabiam fazer nada,o destino deles foi pedirem esmolas a fim de mendigar o pão de cada dia.Moral da história:Tudo é fugaz,bens deixamos para descendentes que não fazem a mínima questão de valorizar o que nós fizemos.Em conseqüência,concentre-se em buscar o reino do pai fazendo o bem sempre.É isto o que o homem leva para o reino eterno.

A competição desmedida

Vivemos num mundo extremamente competitivo,seja na questão de mercado de trabalho,no amor e na família.Participar de uma competição de uma forma saudável não é pecado,o erro é usar de meios vis para chegar á vitória.Mais vale um fracassado com caráter do que um vencedor sem idoneidade.Para transformar-se num verdadeiro vencedor,vós deveis seguir minhas leis em primeiro lugar e então o sucesso virá por merecimento no tempo marcado por mim.

A união faz a força

A união é fundamental em todos os momentos de nossa vida.Ela mostra-se ser essencial no trabalho,na família,no esporte e na sociedade em geral.Nada se constrói sozinho.A união é sinônimo de cooperação sendo esta uma virtude primordial na construção do caráter do indivíduo.

Não acomodar-se

Este recado é especial para aqueles que prestam serviços temporários para município,estado e federação.Eu vos peço que lutem por seus sonhos,que não acomodem-se parando no tempo.Tenha consciência da fragilidade de seu contrato e esforce-se para conseguir um trabalho fixo para seu próprio bem e de sua família.

Obedeçam

Obedeçam a seus pais,a seus superiores e ao meu pai celestial.Sejam simples e humildes de coração como eu sou e então este será o seu primeiro passo para o sucesso.A rebeldia só leva a morte e a desastres.

A perda da fortuna

Muitas pessoas lutam a vida inteira para conseguir o seu sustento e formar um patrimônio para os filhos.Algumas chegam a ser ricas,milionárias ou até bilionárias.Como a vida dá voltas,pode acontecer de perder-se este montante de uma vez só.A maioria enlouquece pensando no esforço e fadiga que teve para alcançar sua fortuna.O que fazer numa situação dessas?

Seguir a vida em frente é a melhor solução,não preocupe-se exatamente com o dinheiro,procure concentra-se em fazer a minha vontade e a do meu pai.A maior riqueza que vós podeis deixar para seus filhos é a educação e valores sólidos de convivência em sociedade.Saiba que o conhecimento pode levantá-lo completamente em meio ás intempéries da vida e isto é um dom de javé.Tenha fé no divino que nunca o abandonará seja qual for a situação.Tudo vai ficar melhor,eu prometo.

Um sábio conselho

Não deixe para desfrutar do seu trabalho no amanhã,concentre-se no presente e gaste sabiamente o seu salário.Você não sabe quando chegará o dia do ladrão,não deixe que vagabundos esbanjem seu patrimônio sem que isto lhes tenha custado um mínimo de esforço.Isto não é justo contigo.Guarde apenas o necessário para uma eventualidade mas nunca junte dinheiro sem um motivo plausível.

Permaneça sério

Não junte-se com os de risada fácil nem com aqueles que só vivem de festas.A pobreza e a insensatez baterão á sua porta.Procure ser o mais sério possível,sabendo dividir as suas atividades.Dia e escuridão,trabalho e lazer devem ser desfrutados na medida certa.

Diante do impossível não desanimes

Lembre-se sempre da sua pequenez e fraqueza e não queira extrapolar seus limites.Diante do impossível,entregue sua causa a javé que tudo pode e certamente irá lhe dar uma resposta.A única exigência que se faz é o seguimento a seus mandamentos de forma que sejais apóstolo do bem.Os mandamentos resumem-se em amar a Deus sobre todas as coisas,a si mesmo e ao próximo com a mesma intensidade.

Quem vou escolher?

Enquanto os interesseiros do mundo escolhem para ter contato com pessoas de alto poder aquisitivo e de influência,eu seleciono meus fiéis pelas suas obras de caridade e de bondade.Para mim,o que importa são seus valores consolidados os quais formam seu caráter.Eu busco pessoas para integrar minha equipe de apóstolos do bem.Se você identifica-se com meus preceitos,então junte-se a nós nesta corrida em direção ao pai.Eu prometo uma intensa dedicação a vossos problemas e a felicidade garantida no meu reino.Creia que eu posso transformar sua vida.

Separando as coisas

Tudo começa do alicerce,dum planejamento efetivo em relação a um objetivo.O início é importante.Porém,o meio e o fim consolidam nossos desejos.Seja paciente,tolerante,generoso e aplicado para que sejas abençoado pelo meu pai.Tudo vos será concedido se o fim for digno.

O futuro

Concentre-se no seu presente pois como flecha lançada o que passou não se pode consertar.O futuro é incerto e só pertence a Deus.Não creia em qualquer charlatão que afirme conhecer sobre sua vida.A maioria só quer se aproveitar e lhe tirar alguma vantagem.

Verdadeiramente,eu sou o ser humano que vejo através de visões meu próprio destino.Dentre bilhões,eu fui o escolhido para uma missão especial junto ao pai.Eu não me sinto melhor do que ninguém por isso,eu sou simples como o mestre.Cabe a mim usar este talento para ajudar as pessoas de alguma forma ,assim como está escrito:"De graça recebeis,de graça também dê."

As regras de ouro

Eu sinto-me muito bem,em paz comigo e com o universo inteiro.Qual o segredo?Eu poderei orientar-vos para que sejais santos assim como o pai o é.Ninguém é obrigado a seguir-nos,para isto foi lhes dado o livre arbítrio mas saiba que quem o fizer poderá experimentar da melhor sensação de todas.

Seja educado,polido,gentil com as pessoas;Nos compromisso de trabalho seja assíduo,pontual e responsável,faça o trabalho de equipe gerar frutos;Na vida social,respeite o próximo como a si mesmo,não permitais que os outros decidam por você.Porém,acate os bons conselhos;Procure preocupar-se com o outro mas não a ponto de interferir em sua vida,lembre-se da autonomia de cada um;Em casa,não permita-se falar mal de ninguém,quem és tu para julgar?Do barro eu vos tirei e sua vida é um sopro frágil que posso retirar a qualquer momento.Tema ás forças do bem e as ame de tal forma que seu instinto seja somente para Deus,seu criador.Sua recompensa chegará mais cedo ou mais tarde.Seja atento na oração para que seus pedidos cheguem até mim com chances de serem realizados.Sejais solidário com a dor do outro e procure ajudar.Quanto mais bem fizer,mais dons e graças lhes serão concedidos.Não sejais daqueles que só pedem e esquecem da parte prática,agradeça o que já tem até o momento e pense que neste mundo não podemos ter tudo pois a perfeição não é deste plano.Busque na terra o reino do meu pai a todo o momento pois não sabes nem o dia e hora que prestará contas de vossos atos.Estejais preparados.

Diante dos fracassos,não desista.Você é um filho de Deus que nasceu para o sucesso.Se algo não deu certo talvez não seja seu caminho ou foi uma falha de planejamento.Analise sua realidade e siga em frente com ânimo renovado.Acredite que sua hora chegará.Saiba que onde quer que esteja há um Deus poderoso que te entende e o conhece como nunca.Peça sua iluminação e o bem em sua vida prevalecerá.Boa sorte em seus projetos.

Não blasfeme

Não queira ser igual a Deus nem revolte-se contra ele.Reconheça suas limitações,um exemplo da grandeza do criador mostra-se em suas próprias obras.Poderá o homem medir a extensão do universo e a quantidade exata de astros existentes?Se sua resposta for não então a verdade vos libertou.Viemos do nada e somos nada em comparação com a grandeza de Yaveh.Ele tudo pode e tudo vê.Fique sempre ao lado dele para que tenhas prosperidade na sua vida terrestre e um lugar na dimensão espiritual.Acredite que não há nada pior do que ficar afastado de sua graça.

Onde está minha felicidade?

Por muito tempo procurei a felicidade num humano,alguém que pudesse me dar um carinho e um apoio nas necessidades.Com o passar do tempo,percebi o quanto é vã esta busca,minha felicidade não está no outro,ela se encontra em mim mesmo e na minha relação com meu pai.Ele foi o único que não me abandonou no momento mais tenebroso da minha vida.Porque não amaria ele com a mesma intensidade?Sou grato por toda sua obra em minha vida e se a felicidade ao lado de alguém não chegar,não importa,já me sinto completo.A ele toda honra,glória e adoração para sempre.Amém.

Eu sou insondável

Eu sou javé,o senhor dos espíritos,alguém tão superior que não é possível a nenhuma mente compreender-me.Não percam seu tempo em me investigar,basta ao homem acreditar em mim e reconhecer-me em minhas obras.Sou eu que observo dia e noite vossos atos e os escrevo em meu livro sagrado.Aos justos,será dado como prêmio a morada em meu reino eterno e aos infiéis o tormento no lago de fogo e enxofre.Isto se dá por justiça,cada um escolheu em vida seu destino merecido.Ademais,como a ovelha e o lobo podem conviver?O lugar de violento e do pecador é longe da minha presença pois se deixou consumir pelo materialismo.

Eu estou em toda parte:No céu,no inferno,no limbo,na cidade dos homens,nas infinitas dimensões,nas almas boas e nos céus.Logo,se querem falar comigo,falem de onde estiver e eu poderei escutá-lo se tratar-se de um motivo justo.Porém,não me atormentem com besteiras,saibam que sou Javé e tenho sobre minhas costas a responsabilidade de um universo inteiro.Eu sou um Deus muito ocupado e meu tempo infinito é precioso.Mesmo assim,para meus amados filhos eu estarei sempre disponível pois eles fazem o que é do meu agrado.Sejam como eles e eu me multiplicarei por trilhões para atender a todos.

A importância da vida

A vida é minha maior dádiva para o ser humano.Através dela o ser humano sonha,luta,vive,ama,viaja,trabalha,tem relações com seu próximo e consigo mesmo.Ela é um eterno aprendizado enquanto dura.A morte chega e então a alma desprende-se do corpo e segue seu caminho natural de evolução.Não temais,no meu reino há muitas moradas.O grande problema reside na alma escura da maioria dos seres humanos,repletas de pecados mortais.Minha misericórdia é infinita mas se o ser humano teima em sua rebeldia e auto-suficiência eu não posso fazer nada.Por livre escolha,eles condenaram-se.Resta a mim chorar de amargura por estes filhos perdidos.Ó,porque não me escutaste ainda quando vivias?Através de minhas obras eu vos alertei sobre o perigo do vosso caminho pecador.Insensato,agora simplesmente vou deixá-lo cair e vou concentrar-me nos que ainda restam a ser salvos para que seu exemplo não se repita.

"Ainda que o homem avance ,conquistes espaços e outros astros mas se não conhecer a si mesmo nada fará sentido;O sentido da guerra é de destruição e morte,ganha quem tiver uma maior tropa e munição.Porém,mais sábio é evitar a guerra pois ela só serve aos objetivos dos poderosos,destruindo vidas e sonhos;Ame sem reservas mesmo que não seja correspondido,você é uma criatura rara por ter este sentimento,sinta-se especial;Concentre-se nos estudos e na educação para que sejais no futuro um cidadão cumpridor de seus deveres;Os fracassos sucessivos devem mostrar um caminho de reabilitação ou de escape;Quando quiser uma coisa,bata e lhe será aberto,peça e lhe será concedido;Enfim,busque sempre a sabedoria dos Deuses para que iluminem suas decisões.Sem ela nada se constrói,nada progride."

Eu sou o encantador de cobras

Eu desci dos céus em busca dos pecadores empedernidos,aqueles que por um motivo ou outro esqueceram do Deus verdadeiro.Eu vim como encantador de cobras para que elas me obedeçam e ,renascendo,transformem-se em ovelhas obedientes.Eu não sou deste mundo nem vim por que quis.Eu sou o enviado do pai cheio de amor e de glória iluminando o seu caminho rumo ao pai.Creiam que sou a verdade,o caminho e a vida.

Opressão do homem e misericórdia divina

Mesmo diante de ferozes opositores,não temais mal algum pois estou contigo.Eu vos guardarei pelos caminhos de forma que sejas bem sucedido em tudo.Eu faço isso por honra e glória do meu nome e por tua fidelidade.

Meu nome é amor e misericórdia que se estende de geração em geração.Estou aberto a recebê-los em meu reino se por firmes convicção decidires me seguir.No entanto sabes o que é necessário para isso?Enganas-se quem pensa que estando debaixo da minha casa com aparência piedosa vai me impressionar.Eu sou Javé e conheço tudo o que existe.Não seja hipócrita comigo!Melhor que estivesse na sua morada fazendo o bem pois a maior fé sem obras é morta.

A salvação divina quando menos se espera

Por experiência própria,há um momento na vida do ser humano em que ele está perdido,confuso e sem esperanças.A esta etapa eu denomino de "Noite escura da alma".Pensando em si mesmo e nos pecados,afundamos irremediavelmente num mar de lama.

O que é o homem sem Deus?Não somos absolutamente nada e o inimigo aproveita esta oportunidade para nos seduzir e conquistar em definitivo nossa alma.Eu quase caí.Entretanto,o poder divino é imenso e através de um anjo bondoso fui salvo das garras do demônio.Vendo minha situação catastrófica,eu prometi a mim mesmo e ao meu pai espiritual uma mudança radical na minha vida e ele me aceitou de volta.Tudo o que ficou feito foi esquecido e então transformei-me num novo homem.Eu posso dizer que somos capazes!

Faça como eu e tome uma atitude.estaremos esperando você de braços abertos para que tome parte em nosso reino.Nele,não há dor,sofrimento,morte,decepção ou rejeição.Seremos filhos do mesmo pai e adoraremos ele no Monte Sião.Amém!

Abominar a Omissão

Neste mundo há muitas injustiças,muitas delas acontecem em nossa frente.A fim de estar com a consciência tranqüila e contrito com Deus,aja imediatamente buscando a correção delas.Faça seu papel de bom cidadão a todo mundo.

Não aceite propina e não fique calado diante do mal.Estamos aqui para combater o bom combate mudando a nossa própria realidade e a do outro.Tenha certeza que Deus o abençoará por isso.

A promessa divina

Eu sou Javé,o verdadeiro Deus que pode transformar sua vida.Não se preocupe com nada.Faça apenas sua parte que eu vos auxiliarei nos seus projetos.Se fracassares,não se desespere e continue persistindo.Para tudo tem uma hora marcada.Sua vitória certamente chegará por merecimento seu.

Entretanto,se me rejeitares e fechares os olhos para a angústia do seu irmão,não conte comigo.Eu sou justo com os desejos e os esforços.Só os justos permanecerão para sempre.

Saber discernir

Eu sou o bom pastor e vós sois minhas ovelhas.Nem todo aquele que diz Senhor,Senhor,é digno de confiança.Antes examinem as obras dele.

O servo dedicado é aquele que propõe-se a transformar as relações de egoístas em generosas e tem um espírito tolerante e criativo.Eu vos infundirei o espírito para que reconheçam nele o meu nome e vejam a verdade.

Minha Missão

Meu nome é Aldivan Teixeira Torres,também conhecido como vidente,filho de Deus,Divinha ou pequeno sonhador.Eu me sinto honrado por transmitir coisas boas para a humanidade através do dom da palavra.Entretanto,não me tenham com conceito superior.Sou um ser humano normal com defeitos,qualidades,sonhos e frustrações.Sou apenas a seta que aponta o caminho e espero que trilhes comigo nele até o fim do texto.Sintam-se abraçados e continuemos!

Do tenebroso abismo da escuridão chamei meu filho

A terra é uma grande prova para os espíritos que vivem nela.É um lugar de desilusão,traições,competitividade,falsidade e desamor.Porém,se acreditarem em mim eu posso transformar esta realidade.Farei com que sua estada na terra seja aprazível de maneira que seus inimigos não lhe atinjam.

Eu os juntarei aos bons e suas amizades serão verdadeiras.Através do meu nome,conquistarão absolutamente tudo o que for necessário para sua sobrevivência e felicidade.Ao final da sua vida terra,entrarão no meu reino e poderão conquistar cargos importantes.Os mais amados serão aqueles que mais trabalharam em minha causa.Eu faço isso por retribuição e por merecimento vosso.

Confiem mais em mim

Eu sou teu Deus e meu nome é Javé: Onipotente,onipresente e onisciente.Independente do seu estado atual,creia que eu posso agir e mudar sua história.Tenha mais fé.O impossível não existe em meu vocabulário,eu Sou o Deus que libertou Israel da escravidão Egípcia.Eu não mudei em nada.Eu posso fazer grandes coisas por vós.

Retratado em inúmeras culturas,eu fui muito injustiçado pela insensatez,prepotência e maldade humana.Eu não sou o Deus que pintam.Eu sou amor,fidelidade,sabedoria,generosidade,tolerância,paz,harmoniia,compreensão,otimismo,garra,fé,perseverança,o perdão e a misericórdia insondável.Reconheçam portanto meus verdadeiros seguidores através destas qualidades.

Pragas do Egito

Assim como Javé agiu no passado com mão forte contra a opressão Egípcia e em favor dos Israelitas ele age continuamente contra aqueles que procuram o mal na terra.Mais cedo ou mais tarde,os insensatos cairão e pagarão a conta de todos os seus pecados.O nome disso é Justiça e a mão de Javé é bastante forte.

Siga os mandamentos implícitos e explícitos do reino do Senhor e construirás um caminho seguro rumo a salvação.O homem que tem Deus ao lado é como uma casa fortificada de pedra que os ventos e as tempestades da vida não podem derribar.Continue seguindo sua vida firmemente com fé e valores consolidados.

O Exterminador

Que o sinal do exterminador no Egito sirva de exemplo para vós.Quando a corrupção humana chega no ápice o senhor age com seu poder e extermina todo o mal.Não há ninguém como Javé em todo o universo.Portanto,se suas ações são más é hora de refletir e tomar a firme decisão de mudar sua vida.

Israel como exemplo para o mundo

Deus fez grandes coisas para seu povo mas isto não o limita somente a ele.Em verdade,todos os povos,credos,raças e denominações pertencem ele e não há distinção na escolha dos que vão integrar seu reino.Javé em verdade é o Deus criador e dono de tudo o que existe.Portanto,não tenhais orgulho de fazer parte de algum grupo específico.Isto é irrelevante.

Eu andarei contigo até o fim do mundo

A peregrinação no deserto dos Israelitas e o convívio com Deus é um exemplo claro de como ele pode agir pelos juntos.Por que será que ele afastou-se do convívio nosso aqui na terra?A maldade no mundo aumentou e as necessidades disso são menores.Há mais equidade e justiça do que no passado em termos gerais.

O fato passado era extremamente necessário por conta da ira dos Egípcios que assombravam o povo de Deus.Com a presença dele,não havia o que temer o que consolidou-se na passagem do mar vermelho.Bendito seja Javé!

O dia do sábado

Eis que o homem deve trabalhar e ter tempo para descanso,disse Javé.No mínimo um dia de descanso por semana para curar sua fadiga.Independente do dia,isto terá que ser feito.

Eu sou água e alimento vivos

Para aqueles que seguem minha palavra não há de faltar o que comer e o que beber.Até porque sou verdadeira comida e bebida.Não há porque preocupar-se com isso.Vê os lírios do campo?Crescem e florescem instantaneamente e beleza maior do que eles não há.Muito mais o Senhor fará por vocês,homens de pouca fé.

Mãos levantadas

Com as mãos erguidas peço-te senhor a vossa bênção para minha família, amigos, conhecidos, esposo(a), companheiro(a),colegas de trabalho,enfim,para a humanidade inteira.Assim como Moisés foi vencedor ao erguê-las que eu seja também vencedor em tudo.Proteja todos meus sonhos e trabalhos pelo vosso nome.Amém.

Os mandamentos

Então Deus pronunciou todas estas palavras:"Eu sou Javé seu Deus,que fiz você sair da terra do Egito,da casa da escravidão.Não tenha outros deuses diante de mim.Não faça para você ídolos,nenhuma representação daquilo que existe no céu e na terra,ou nas águas que estão debaixo da terra.Não se prostre diante desses deuses,nem sirva a eles,porque eu Javé seu Deus,sou um Deus ciumento.Quando me odeiam,castigo a culpa dos pais nos filhos,netos e bisnetos,mas quando me amam e guardam os meus mandamentos eu os trato com amor por mil gerações.Não pronuncie em vão o nome de Javé seu Deus,porque Javé não deixará sem castigo aquele que pronunciar o nome dele em vão.Lembre-se do dia de sábado,para santificá-lo.Trabalhe durante seis dias e faça todas as suas tarefas.O sétimo dia,porém,é o sábado de Javé seu Deus.Não faça nenhum trabalho,nem você,nem seu filho,nem sua filha,nem seu escravo,nem sua escrava,nem seu animal,nem o imigrante que vive em suas cidades.Porque em seis dias Javé fez o céu,a terra,o mar e tudo o que existe neles;E no sétimo dia ele descansou.Por isso,Javé abençoou o dia de sábado e o santificou.Honre seu pai e sua mãe:Desse modo você prolongará sua vida, na terra que Javé seu Deus dá a você.Não mate.Não cometa adultério.Não roube.Não apresente testemunho falso contra seu próximo.Não cobice a casa do seu próximo,nem a mulher do próximo,nem o escravo,nem a escrava,nem o boi,nem o jumento,nem coisa alguma que pertença ao seu próximo.(Êxodo 20,1-17)

Eu não quero sangue humano

Diante da infidelidade do meu povo, ao invés de sangue eu prefiro o afastamento. Eu faço isso porque prefiro acreditar numa reconciliação mesmo que seja no fim da vida. A existência para mim é sagrada.

Eu me darei a conhecer

Eu não sou um Deus seletivo. Eu estou disposto a revelar-me ao humano que demonstrar profundo amor, respeito ao meu nome e seguimento aos meus mandamentos. Mas até quando terei que esperar alguém digno? A maldade cobre a terra por completo e não sei até quando irei suportar.

Meu nome é Justiça

Vejam! Vocês verdadeiramente não me conhecem! Examinando o pecado do mundo, eis que darei ainda em vida a retribuição pelos seus atos e na vida espiritual complementarei esta felicidade ou agonia. Saibam que cada um é responsável pelos seus próprios atos, ou seja, ninguém pagará pelo que o outro fez. Fiquem tranquilos quanto a isso.

O verdadeiro ato de generosidade

Eu sou Javé, O alpha e o ômega, o princípio e o fim. Eu não preciso de nada para existir. Seus esforços e atos de bondade devem direcionar-se ao amparo do seu irmão afadigado pelas labutas da vida. Se fizer o bem ao seu próximo eu prometo a vitória na terra e a felicidade no céu. Tenham isto como promessa.

O sacrifício pelo pecado

Esqueçam tudo o que foi dito em relação aos rituais de remissão de pecado.Meu filho foi o sacrifício vivo que usei para limpá-los de uma vez por todas.Aproveitem esta dádiva e derrotem de uma vez por todas o maligno que vos rodeia.Não se permitam pecar mais em nenhum momento de suas vidas.Isto é possível ao homem quando ele entrega-se completamente a minha vontade soberana.

O que é impuro?

Impuro é tudo aquilo que tem mancha de pecado e isto só se encontra no ser humano e nos demônios.Não há mal nenhum em consumir qualquer alimento saudável. Não é aquilo que entra no corpo que vos contamina e sim as pragas,as palavras,os atos e as intenções pois provém do coração.

A questão da doença

Tenham as enfermidades como um processo de aperfeiçoamento da alma.Todos,bons ou maus,deverão passar por isso pois o homem verdadeiramente não é eterno.Restarão vossas obras e se elas forem más o que o homem dará em troca por sua alma? Reflitam bem e pesem suas ações antes que seja tarde.

As formalidades rituais

Quando se apresentarem de mim, venham com alegria,satisfação e com vontade de aprender minhas normas.Não discrimine o irmão pelo fato dele estar menos apresentável.Por acaso és Deus para conhecer seu coração? Saiba que o que importa verdadeiramente são suas atitudes,caráter e valores consolidados os quais formam em conjunto a alma humana.

As questões relacionadas ao sexo

Existem algumas coisas abomináveis em relação a este tema:Zoofilia,pedofilia e incesto.No mais,tenham uma sexualidade saudável e livre de impurezas.Se for casado ou em união estável,respeite seu esposo(a) ou companheiro(a) e se for solteiro respeite seu próprio corpo.Eu desejo servos puros em todos os sentidos.

Façam tudo na medida certa

Sejam comedidos,pacientes,persistentes e com medida certa para tudo. Tudo o que é exagero destrói e atrapalha seu caminho em direção a mim. Agindo assim sua estada na terra será prolongada.

A questão do homossexualismo

Muito já foi debatido sobre a questão nas sociedades humanas. Se querem uma orientação,eu diria que para mim o importante é vossa felicidade. Eu vos peço que não discriminem quem tem uma orientação sexual diferente pois isto foge a sua própria vontade. Respeitem-no e deem-lhe o suporte necessário para que possa conviver com suas escolhas. Agora que é bem raro encontrar entre os que tem o mesmo sexo o mesmo compromisso dos que tem sexo opostos.

Os que estão na escuridão

Parem de criticar o outro e julguem a si mesmos.Cada um adulto tem por si sua própria responsabilidade .Se não pagas as despesas do outro porque intrometer-se ? Respeite sua individualidade e ao invés de julgá-lo torça que ele encontre o melhor caminho e o apoie em suas decisões.

Vivendo uma caridade contínua

O mundo é uma grande roda gigante e se seu próximo cai sua obrigação é ampará-lo na angústia.Tenha compaixão por quem quer que seja e eu vos abençoarei grandemente.Quem não o fizer e permanecer na omissão eu prometo que não ouvirei seus gritos de socorro no momento mais crítico pois que planta,colhe.

Trate os outros como espera ser tratado

Seja como patrão ou como servo, não escravize nem aproveite da boa vontade do seu irmãos.Antes disso,trate todos com igualdade e presteza.Lembre-se sempre dos meus estatutos repassados pelos santos e não peques.

Uma relação sem condição

Eu sou o Javé,o vosso Deus,e independente de vosso comportamente eu vos darei chuva e sol,comida e bebida.Ajam também dessa maneira com vossos filhos.

Eu prometo o meu apoio

Não temais.Eu sou vosso Deus que tudo pode e que tudo vê.Eu vos amo e realizarei o impossível em sua vida.Porém,tudo realizar-se-á no tempo marcado por minha graça.

Os justos possuirão a terra

No reino que há de vir,reunirei meus servos mais devotados e os transformarei em comandantes de milhões.Nesta nova era,não haverá mortes,sofrimento,dor,tristeza ou infelicidade.Todos me adorarão no monte sião.

Eu nunca vos abandonarei

Eu vos dou a saber que independentemente de sua condição mental e física não vos abandonarei.Eu sou teu pai espirituoso que te compreende mesmo diante de falhas na esperança de uma melhora ou reconciliação.Eu sou teu verdadeiro amor e amigo.Lembre-se sempre disso em todas as situações.

Praticar o perdão

Pratique o perdão sem cessar.Dê todas as chances para que seu irmão recupere-se.Entretanto,se ele permanecer no pecado será por conta e risco dele.Preocupe-se primeiramente consigo mesmo que Deus resolve as situações.

Direitos iguais

Todos os homens são iguais independente de raça,classe social,sexo,orientação ou qualquer peculiaridade.Todos devem ter as mesmas oportunidades e mesmo tratamento.Também é importante enfatizar o direito de recorrer a justiça quando sentir-se lesado e de defender-se perante ela.Ninguém é culpado até que se prove o contrário mas lembre-se que conheço tudo e minha justiça não falha.

Eu vos amo

A humanidade está cheia de pecado e de maldade mas mesmo assim vos amo porque eu vos criei.Eu tenho por vós um sentimento infinito que nenhuma mente há de perscrutar.Continuarei acreditando na raça humana e em dado momento lhe darei a completa paz.Farei de vós um só nação e um só corpo ao comando dos meus filhos amados.Creiam na minha promessa!

A confiança é que produz a vitória

Vejam o meu exemplo:De pequeno sonhador do sertão de Pernambuco tornei-me um escritor conhecido mundialmente.Ele está realizando meu sonho e tornando-me um grande homem.Se você tem um sonho,lute até o fim por ele e se for para seu bem isto lhe será garantido como justiça a seus esforços.Mas ás vezes não entendemos os fracassamos e desistimos da luta.Não cometam este erro e procurem entender a vontade soberana do pai em sua vida.

Eu escolhi você

Ei,você,não fique triste se muitas vezes o mundo te desagradar e te decepcionar.Eu criei uma armadura em vós capaz de suportar qualquer dor e seguir sua vida em frente.Continue cumprindo os mandamentos que deixei através de vossos profetas e então o levarei a uma terra onde corre leite e mel.Ao meu lado e do meu escolhido,encontrarás a verdadeira felicidade que não se paga.

Eis que minha salvação se realizará

Embora a tenebrosa escuridão queira assolar sua vida,o justo está sempre seguro.Eu cuidarei pessoalmente de seu futuro pessoal e vos abençoarei em todos os trabalhos.Basta uma entrega pessoal,a confiança em meu nome e o seguimento dos meus mandamentos.Eu vos livrarei de todo o mal!

A verdadeira herança

Concentrem-se na terra em fazer sempre o bem ao seu próximo independentemente de quem seja.Os bons atos o credenciarão a participar do meu reino futuro.Não ajunte tesouros materiais na terra onde a traça e ferrugem corroem e onde os ladrões roubam.Eu vos garanto:Onde estiver seu tesouro estará também vosso coração.

A seriedade das promessas

Não prometa o que não pode cumprir seja a quem for. Ao invés disso, trabalhe para que seus méritos sejam reconhecidos. O homem vale por sua palavra.

Eu não quero mais guerras

Busquem perpetuar entre vós a paz, o diálogo e a harmonia. A guerra só traz desgraças. Preservem o sangue humano pois ele é importante para mim.

O perigo das imagens

Eu sou javé, o todo poderoso, e não há nada no universo que possa me representar nem me conter. Meus filhos santificados também não desejam ser representados pois que pureza pode ser encontrada na argila? Eu sou espírito e o que me alimenta são as boas ações das pessoas.

Tenha cuidado

Tenha muito cuidado com os falsos profetas que afirmam falar em meu nome. Observem os seus frutos pois se eles forem ruins a árvore também não presta. Fuja dos estelionatários que aproveitam-se da fé dos outros para ganhar dinheiro. Quem tem um dom espiritual verdadeiro não cobra nada assim como eu também não cobro por minha proteção. Não sejam bobos de cair numa cilada!

Eu procuro o homem bom e fiel

Procure andar no meu caminho com honestidade, carisma, dedicação, trabalho, persistência nos fracassos, socorro e amor aos aflitos. Eu quero o homem íntegro ao meu lado para governar comigo. Aos maus, eu vos darei sempre uma chance para que reflitam os seus erros e tentem recomeçar.Se tomares a firme decisão em me seguir,eu prometo que todo seu passado tenebroso será esquecido e começaremos uma nova história.Dê a si mesmo uma chance de ser feliz.

Eu sou Deus

Vejam que maravilha de universo estão vivendo e como são lindas,extensas e infinitas todas as coisas.Tudo isto foi obra de minha mãos!Eu existo desde sempre e pelo meu grande amor dignei-me criar-vos para que fossem felizes.Se todas essas coisas são grandes,vocês nem imaginam o quão é maior é meu poder.Logo,não duvidem de que serei capaz de transformar a vossa vida.Eu sou o princípio,meio e fim das coisas.Eu darei a eternidade aos que merecerem.

Não há meio termo

Você tem que decidir-se de que lado está.Ou junta comigo ou espalha.Os rebeldes serão queimados feito palha no mar de fogo e os justos brilharão como o sol no reino de seu pai.Isto é creditado como justiça em merecimento dos atos de cada um.

A questão da obediência

Eu sou um Deus prestativo,amoroso e compreensivo.No entanto,exijo o cumprimento das minhas leis,a fidelidade e a obediência em relação a minha vontade soberana.Não queiram ser autossuficientes pois esta é sua maior perdição.Sozinho,o homem não pode nada.Sou eu que permito o sopro de vida em suas narinas.Sejais humildes e simples em todas as situações.

Eis o caminho da salvação

Eis que tive piedade do rebanho humano mais uma vez.Através do meu servo,quero alcançá-lo e orientá-los com objetivo de salvação.Escutem sempre ele pois tem meu espírito.Aqueles que crerem em seu nome terão a felicidade e o sucesso garantidos.Eu farei de vós verdadeiros vencedores.Os que vencem são aqueles que encontram sua "Própria verdade".

Não esquecer das suas origens

No momento da vitória.quando eu tiver posto a vós entre os grandes,tenha humildade suficiente para reconhecer quem você era e os seus verdadeiros amigos.Aos orgulhosos,eu vos rebaixarei novamente de forma que não possam mais reerguer-se.Eu faço isso porque não soubeste ser grato no momento de ascensão.

Ser exemplo

O homem quando é digno é exemplo para família e para a sociedade.Já o insensato é a desgraça da mãe e do pai.Façam por merecer a glória e o reconhecimento de vossos trabalhos de maneira que seus filhos e netos tenham orgulho de ti.

Respeitar a liberdade e crença de cada um

Lembre-se que a tolerância é fundamental para uma convivência harmoniosa em sociedade.Se seu irmão pensa diferente de vós não o julgues pois há inúmeros caminhos que levam ao meu reino.

Socorra o pobre

Que seu coração se compadeça de seu irmãos menos favorecidos.Não sejas mesquinho a ponto de pensar que não é seu problema pois Deus pedirá contas a você.

Não se junte aos maus

Procure conviver com pessoas de boa índole e de boa conduta.Em nenhuma hipótese,sejas amigo dos maus ,perversos,caluniadores e dos feiticeiros.Pode ser que por influência deles sigas no mesmo caminho.É como diz o ditado:"Diga-me com quem andas e te direi quem és."

Aja positivamente

Não consulte demônios ou oráculos com quaisquer objetivos.Tenha mais fé em Javé seu Deus e ele direcionará sua vida para o caminho certo.Quando tiver em dúvida,consulte o íntimo do seu coração e então eu conversarei contigo.

Eis que estou no vosso meio

Eu sou Yaveh e não posso viver no meio de vós. A fim de dar conhecimento a minha palavra,eu enviarei meus servos e eles o orientarão sobre a minha vontade.Aqueles que me aceitarem através da palavra e cumprirem os mandamentos terão como recompensa o reino dos céus.Já aqueles que rejeitarem meu filho por consequência rejeitarão a mim pois ele fala em meu nome.

Respeite o direito do outro

Como cidadão,o homem tem direitos e deveres.Entre os deveres,está o de reconhecer que o limite do seu direito é o direito do outro e que deve haver uma relação harmoniosa entre os dois.Entre os direitos, está sua liberdade para que possa analisar o meio mais adequado de satisfazer-se.

O perigo da língua

A língua é um órgão pequeno mas extremamente perigoso.É através dela que saem as calúnias e as fofocas da vida alheia.A fim de alcançar o reino de Deus,jogue fora todo órgão que provocar escândalo ou então todo seu corpo será jogado no inferno.Isto quer dizer que deves controla-la de forma a não prejudicar ninguém.

Uma mensagem especial

Ei,você que está do outro lado,eu quero falar especialmente para você do fundo do meu coração.Independentemente do que foi dito no passado,eu quero dizer que te compreendo.A mim não importa sua orientação sexual,seu fetiche,sua classe econômica,opção política,cor,raça,etnia,crença ou qualquer especificidade.Todos são meus filhos e estou de portas abertas para recebe-los em meu reino.Depende exclusivamente de suas escolhas o merecimento das vitórias e o descanso eterno.

Diante do pecado eu apenas choro

Eis que dei o livre arbítrio a vós para que tomassem seu próprio caminho.Se um filho meu inclina-se deliberadamente para o mal eu só tenho a lamentar.Torcerei até o último momento da vida dele por uma mudança de vida e uma reconciliação plena mas em nenhum momento irei força-lo a nada.Cada um é dono de si e as consequências advindas disso.

O amor tem que ser vivido de forma plena

Nunca fique com alguém que não o ame.Isto provocaria sofrimento e desilusão quando tudo terminasse.Ame ou goste de quem está verdadeiramente do seu lado.

Tenha consideração

Compreenda os motivos do outro mesmo que estes sejam contrários a sua vontade. Ás vezes não temos tudo sabia? A verdadeira felicidade só será encontrada no céu para aqueles que merecerem.

Respeitar os bens do próximo

Não tenha inveja nem procure aproveitar-se dos bens do próximo pois ele trabalhou dia e noite para consegui-lo.Faça como ele e busque alcançar seus objetivos e eu vos abençoarei.

Os direitos fundamentais

Todo cidadão tem direito a saúde,a educação,ao amor,ao acesso ao mercado de trabalho,a compreensão,a uma boa formação,ao apoio da sociedade ,a liberdade,a participação política a um meio ambiente saudável e a condições dignas de sustentabilidade.Não espere somente dos governos uma ação para isso.Faça por si só sua própria justiça.

O direito de ser feliz

Todo homem tem o direito de casar ,de construir um lar com sua esposa,ter filhos e ser feliz.Mas se por acaso gostares de uma pessoa do mesmo sexo e resolverem morar juntos,eu não o reprovarei.Também representam o conceito de família.

Pratique a justiça

Ao julgar um caso, tente ser o mais justo possível.O meu pai é um Deus que observa a conduta das pessoas e se elas se corrompem ele pedirá contas de cada pecado cometido.

O direito á terra

Eis que coloquei o homem e a mulher com objetivo de cultivarem meu celeiro.Esta relação engloba todos os sentidos explícitos e implícitos.É através disso que irei julgar cada um.

Honre a memória

Existem alguns servos especiais que destacam-se na comunidade através de suas obras.Esta herança é transmitida de geração em geração.Os filhos devem honrar os pais perpetuando seu nome diante de todos.Isto é um dever e um direito.

Não agrida o outro

Todo ser humano independente do que seja tem direito ao tratamento respeitável por parte de todos.A tolerância,a generosidade,a amizade,a cooperação e o amor são exigências minhas para a entrada em meu reino.Portanto,não admitirei preconceituosos junto comigo.

Igualdade,liberdade e fraternidade

Trate a todos igualitariamente independente de quem for.Respeite também o livre arbítrio e seja fraterno com seu irmão.Em verdade vos digo que entrarás no meu reino se tiveres estas qualidades.

Saber ser grato

Não seja aquele tipo de crente que só faz pedir incessantemente graças ao pai.Saiba também trabalhar pelas suas metas e ser grato por tudo o que já tem.Não seja rebelde a ponto de não reconhecer os favores divinos.

Seja fiel

Não se desvie nem para esquerda nem para direita pois se falhares em seus compromissos religiosos também não exija atenção do pai para seus problemas.A relação com o criador é uma via de mão-dupla onde ambos devem estar satisfeitos.Logo,plante para colher depois.

As recompensas

Não se apresse,você terá nesta vida exatamente o que merece.Se tiveres sido mau, rebelde, desordeiro, infiel,escroto, desalmado e insensato terá como futuro um mar de fogo e de lama.Não pensem que sou um Deus carrasco por falar tão duramente assim.Eu sou muito justo.Já se tiveres sido amoroso,carinhoso,compreensivo,delicado,fiel e justo eu vos cobrirei de bênçãos o tempo inteiro.Eu prometo que nenhum mal atingirá sua casa.Faço isso por retribuição aos seus bons préstimos.Além disso,terá um lugar garantido ao lado do Rei Divinha.Assim seja.

O meu amor é maior do que tudo

Vejam a terra e seus habitantes:Ela está cheia de maldade,desespero,discórdia,desentendimentos e frustrações.Mesmo assim,diante dos pequenos justos que ainda existem eu vos abençôo.Também não deixo de dar chuva e sol a todos.Façam como eu e tratem bem amigos ou inimigos e grande será sua recompensa nos céus.

Não se preocupem com o incompreensível

Embora o homem avance nas tecnologias e consequentemente nas descobertas dos mistérios do universo não conseguirão compreender tudo.Tem coisas que fogem da capacidade humana e constitui-se em mistério propriamente dito.Basta a vós ter fé em meus prodígios e na minha boa vontade.

Circuncidem o coração de vocês

Mais importante do que a circuncisão física é circuncidar o coração e torná-lo bom para toda boa obra. Afastem de vós a inveja, o orgulho, a ira, a avareza, a gula, a prevaricação, a luxúria e os outros males. Sigam os meus mandamentos e terão alicerçado a casa contra todas as tempestades da vida.

A quebra de confiança

Cuidem em ser fiéis e prestativos com seu Deus e com quem ama pois uma vez quebrada a confiança não volta. Restará só cinzas do que foi um dia. Chore e tente não decepcionar outras pessoas da mesma forma.

As coisas que abomino

Eu abomino a calúnia, o fuxico, a maldade, o preconceito, a intolerância, a divisão, o desamor e a falta de fé. Sigam o exemplo de Divinha, pequeno sonhador do sertão nordestino, que quis submeter sua vontade e destino nas minhas mãos. O mundo precisa de mais Divinhas.

Quem me ama?

Uma coisa a vida me ensinou: O verdadeiro amor que esperamos do mundo não existe, há apenas um jogo de interesses entre as pessoas. O verdadeiro amor divino podemos experimentar dos pais (Em alguns casos) e de Deus. Neste você pode confiar até o fim mesmo diante da tenebrosa escuridão. Eu garanto a vós que não vos deixarei sozinho. Basta apenas ter fé em meu nome e seguir meus mandamentos traduzidos em ações que beneficiem o próximo.

Eu sou fonte de vida

Eu sou o Alpha e o ômega,o princípio e o fim.Sou árvore possante que as tempestades não podem derribar.Meus frutos são vistos diante de todos e dão testemunho de mim.Eu posso ser sua força no combate contra o mal.Creia que eu possa defendê-lo pois sou o leão de Davi,o primeiro e único.Não há ninguém maior do que eu em todo o universo e se entregares sinceramente sua vida em mim eu cuidarei de vós como pai amoroso.Meu nome é eterno e posso ser chamado de Messias,rei dos reis,senhor dos senhores,cristo,pequeno sonhador,filho de Deus ou simplesmente amor.Estarei esperando por sua resposta mas não tarde muito pois não se sabe nem o dia nem a hora do ladrão.

Não creiam em charlatões

Frequentemente,há muitos boatos em relação ao fim do mundo e queria esclarecer algumas coisas.Não há com quem se preocupar agora pois o fim do mundo não está próximo.Se tivesse,eu vos diria.Preocupem-se cada um em cuidar de seus afazeres perpetuando a boa obra do pai.A vida na terra permanecerá ainda por muito tempo.

Não alienar através da religião

Vejam bem:Que nenhuma doutrina através de seus dogmas ponha medo em vós em relação á minha vontade.Por vos amar tanto,eu vos dei o livre arbítrio e mesmo se pecardes eu continuo vos amando e esperando boas novas.Não acreditem na pintura de um Deus rancoroso e vingativo.Quem me conhece de verdade sabe que sou amor e misericórdia insondáveis.Portanto,não temais e tente a cada dia recomeçar o caminho que traçou em direção a minha graça.

Eu não sou um Deus de Guerras

Meu nome é vida,paz,harmonia,cooperação e amor.Em nenhum momento estou no meio de guerras,conflitos ou desgraças pois elas não resolvem absolutamente nada servindo apenas de catapulta de poder para os poderosos.

O sangue humano tem uma grande importância para mim.Eu estou preocupado com os eventos atuais de violência e a forma como estão construindo armas cada vez mais mortíferas.Aonde o ser humano vai parar?Eu espero que haja uma reflexão sobre a importância e a conscientização que absolutamente nada pode interferir no curso natural das coisas criado por mim.

Ser racional

Tenha a certeza de que tudo que está vivendo hoje é conseqüência de atos do passado.É absolutamente justo o que cada um recebe.Se fracassar,não coloque a culpa em mim ou no destino.O fracasso é resultado de um mau planejamento.Levante-se,tente achar uma solução para seu problema e recomece novamente ou mude de estratégia e foco.

O espírito de união

A fim de alcançar o sucesso é necessário que cultivem a cooperação entre vocês.A força da união é o que provoca verdadeiras mudanças.Tenham em mente isso.

A vingança

Se alguém lhe fizer mal,perdoe.Este é o melhor remédio para a alma atribulada.A vingança só traz maus resultados.

O valor da experiência

Não há verdadeiro aprendizado sem erros.Quando fracassar,procure analisar os pontos falhos de forma a saná-los.Siga em frente com novas expectativas.

Eu me manifesto na humildade

Jesus é o maior exemplo de que Deus manifesta-se na humildade.Apesar de ser Rei dos Reis,dignou-se a ser filho de carpinteiro vivendo na pobreza toda a sua vida.

A intriga

Eu não aprovo a desunião nem a discussão.Quero que promovam o diálogo saudável e que se respeitem.Eu vos criei para o acordo e não para a discórdia.

O perigo do poder

Busquem o meu reino em primeiro lugar.Esqueçam o valor das coisas materiais,o poder,a compettividade e a ganância.Só assim estarão livres para aceitar meus mandamentos.

O perigo do companheiro(a)traiçoeiro

Melhor ficar só do que mal acompanhado.Do que adianta ficar com alguém se esta pessoa não te ama?Ele(a) esperará a primeira oportunidade para trair você.

Escolher a pessoa certa

Não se apresse em casar-se .Tenha a maturidade necessária para escolher bem seu parceiro(a). Embora não mandemos no coração,seja razoável.Fique com alguém que lhe dê valor de verdade.

O exemplo do sacerdócio

Se alguém de firme vontade consagra sua vida a execução da minha obra deve portar-se a altura desta missão.Deve ser digno,obediente,cumpridor das minhas leis,caridoso,compreensivo e dedicado.Eu não suporto servos que por um pretexto qualquer refugiam-se a minha sombra com objetivo de esconder-se.Enfrente o mundo e seja você mesmo.É bem melhor do que mentir para si mesmo porque a mim ninguém engana.

O projeto de Deus

Eis que coloco um sinal entre vós e o escolhido falará por mim.Não é o maior nem o mais forte dos homens mas é o mais doce e belo.Nele,o meu pensamento revelar-se-á ao mundo como nunca dantes visto.Quem é ele?Seu nome é misterioso e eterno.

Javé é soberano

Eu sou Javé,o único todo poderoso.Não há nada nem ninguém comparável a mim em todo o universo.Minha vontade soberana há de se cumprir em todas as dimensões existentes.Quando o homem quiser mandar no mundo,eu mostrarei que ele não passa de simples pó.

Eu farei você triunfar

Diante dos obstáculos difíceis e gigantes,creia em mim que eu concederei sua vitória.A força do homem não está numa arma ou em braços musculosos e sim em meu favor.Viram o que fiz no passado por Israel?Não era a mais numerosa nem a mais pujante nação mas por ser minha escolhida fiz ela triunfar sobre todos os inimigos.Assim o farei também pelo justo independente de credo,religião,etnia,localização ou qualquer especificidade.

Nem todo o inferno poderá me derrotar

Eu sei exatamente o que você está passando.São tantas aflições,provações e desafios em sua vida que muitas vezes o desânimo conta de sua alma.Não temas,meu filho.Ao seu lado está o leão de Davi,o puro espírito enviado por Deus.Diante de mim não há potência,realeza ou poder pois sou o Rei dos reis e senhor dos senhores.Nem mesmo se o inferno todo o atacasse lhe poderia fazer mal pois eu o defenderia com minha glória. Ânimo,a tempestade vai passar e a bonança vai chegar.Nada é eterno nesse mundo a não ser minhas palavras.

O amor não tem sexo

O amor é o sentimento mais poderoso que existente.É pleno e torna as criaturas mais perfeitas.O amor é muito mais do que toque,atração ou prazer,é espiritual.Você não pode ver o amor nem a mim mas pode senti-lo.Isto é um privilégio das almas raras.

Não importa se ele é correspondido,aceito ou entendido.Simplesmente ame e mostre isso para o mundo.Não temas se o objeto do amor for uma pessoa do mesmo sexo.O amor não escolhe sexo,orientação sexual,posição sócio-econômica ou política.Simplesmente acontece.

Talvez a pessoa que eu ame nunca leia isso mas ela será eterna em meu coração.Não importa se a vida nos separar ou se não nos vermos mais.Meu amor é eterno e absoluto.Isso é verdadeiramente o amor não um jogo de interesses a que muitas pessoas se submetem.

Não me diga que a realização é casar e ter filhos pois eu não acredito.Isto é apenas uma convenção social da heteronormatividade.Muitas pessoas casam-se e são completamente infelizes com suas parceiras.Ser feliz é algo mais intenso e interior.Não dependemos de ninguém para isso.Digamos que o outro seja um complemento mas podemos simplesmente ser solteiros e estarmos bem.Ser feliz é uma consciência de espírito.

Amar em suma é aceitar o outro com seus defeitos e qualidades.Amar é dar a liberdade necessária para que,se for o caso, o outro siga seu rumo e seja feliz. Amar ,portanto,é renúncia e a felicidade do nosso amor nos fará um bem imensurável. Amar é supremo. Se eu amo,existo.

"Quando Davi terminou de falar com Saul,Jônatas se afeiçoou a Davi,e Jônatas o amou como a si mesmo. Nesse dia,Saul reteve Davi e não deixou que ele voltasse para a casa do seu pai.Jônatas fez um pacto com Davi,porque o amava como a si mesmo.Jônatas tirou o manto que usava e o deu a Davi,juntamente com suas roupas,a espada,o arco e o cinturão."(1Sm 18,1-4)

Quem ama protege e cuida

Muitas pessoas declaram amar o outro mas muitas vezes são apenas palavras vazias. No primeiro momento de desavença,perigo ou desprezo afastam-se e esquecem-se do que diziam. Amor verdadeiro é muito diferente. Quem ama cuida e protege o outro em todos os momentos. Quem ama também compreende as razões do outro e através dum diálogo tenta entrar em conciliação. Os verdadeiros amantes podem até separar-se fisicamente por um motivo ou outro mas sempre estarão ligados através da mente e do coração.

É possível recuperar-se?

A vida dá muitas voltas. Em um momento,o homem está cheio de felicidades,bonança,vitórias e sucesso e noutro momento a desgraça cai como flecha destroçando todas as relações de sua vida. O que fazer num momento crítico desses? Primeiramente,deve-se analisar a conjuntura atual,tentando entender os motivos que proporcionaram sua queda. Desta análise,tente retirar os pontos negativos a fim de saná-los e os pontos positivos para se espelhar. Tomando as atitudes certas, poderá recuperar-se completamente de sua dor e tentar seguir com sua vida. Lembre-se que todo mundo é capaz,que absolutamente nada é perfeito ou está contruído e que a fé remove montanhas. Com a bênção de Deus,dia após dia,sua existência será totalmente renovada.

A missão do homem

Eis que coloquei o homem na terra para cuidar dela e do seus semelhantes.Alguns com grandes ou pequenas missões,porém,todos são importantes para mim.Creia em meu nome e eu poderei realizar prodígios em sua vida.Não há nada impossível ao meu poder,soberania e grandeza.

Tente livrar-se dos pensamentos negativos que afligem vosso coração.Saiba que mesmo o grande mal tem seu aspecto positivo com lições importantes a serem tiradas.Saiba aprender na dor e ser grato na vitória.Reúna os elementos certos como garra,fé ,disposição,otimismo,criatividade e planejamento para ter sucesso.De minha parte,eu vos abençoarei grandemente.

Ninguém engana a Javé

O homem faz muitos projetos em seu coração.Porém,nenhum deles é desconhecido para mim.Portanto,não queiram vestir-se de uma falsa honra diante de todos pois aqui está quem o conhece por inteiro e não se deixa enganar.Cuidem de seu caminho enquanto tem um sopro de vida e lhes darei o pago no tempo devido.Quem planta o bem colhe o bem e vice versa.

Não haverá mais injustiças

"Por meu nome e glória,juro por mim mesmo,que não haverá mais discórdia ou posicionamentos errôneos amparados em meu nome.Não castigarei a culpa do pai nos filhos ou nos parentes pois cada um é autônomo em suas decisões e responsável pelas suas escolhas."

Como agir?

"Como você corresponderia ás atitudes de uma certa pessoa que só pensa em prejudicá-lo,persegui-lo e odiá-lo?Retribuiria na mesma medida?È o que a maiorias das pessoas faria.Porém,a atitude que Javé deseja é uma atitude de compreensão,amor e perdão ao próximo,amigo ou inimigo,quantas vezes for necessário.Só assim mostrarás sua superioridade de espírito em relação aos outros"

Um sinal

Eis que escolhi dentre muitos bilhões meu filho para que minha palavra novamente seja revelada.Ele não é mais forte nem o mais bonito dos homens mas é o mais sábio.Com ele estará meu espírito,confiança e fortaleza.Crendo em seu nome e nos meus mandamentos,o homem salvar-se-á.

A perdição

Inevitavelmente a maioria das almas será perdida por fruto de suas atitudes mesquinhas.Atualmente,a maldade impera no mundo sendo raro encontrar alguém com meu espírito.Por isso estou sempre de luto e esforçando-me para salvar o que pouco me resta.

Quem sou eu

Eu sou o bem em forma humana.Eu sou o alpha e o ômega,o primeiro e o último,o princípio e o fim,eu sou onipotente,onisciente e onipresente.Eu sou o espírito santo,o Pequeno sonhador que tornou-se vencedor ao entrar na gruta.Eu sou O messias ou simplesmente Divinha para os íntimos.Eu sou o amor,a justiça,a bondade,o perdão,a misericórdia,a tolerância,a compreensão,eu sou a legião dos santos e anjos,eu sou a Deusa mãe também conhecida como A senhora das almas.Para mim não existe o termo impossível e por isso nunca desisti dos meus sonhos.Eis que estou aqui e mesmo que eu não o conheça pessoalmente eu sou seu grande amigo nos momentos mais difíceis.Eu conheço seus medos,suas inquietações e prometo ajudar-lhe a ser um verdadeiro vencedor.Basta ter fé e crer no nome do meu pai.Creia também em mim pois não há ninguém maior do que eu em todo o universo.O que eu tracei para sua vida mais cedo ou mais tarde irá realizar-se.Portanto,continue com esperança mesmo na treva mais profunda.Com meu espírito eu iluminarei seu caminho.

Carta ao meu filho

Eu estou aqui meu filho para apoiá-lo e consolá-lo neste momento tão difícil.Eu conheço vossos trabalhos,preocupações,pesadelos,medos,frustrações e aquela vontade interior que toma conta do seu ser pedindo-lhe para desistir da vida.Não escute ela!Eis que diante de ti está o seu senhor.Ele é maior do que tudo isso que está acontecendo atualmente contigo.Eu quero que viva e que supere suas dificuldades.Você não é pequeno se crer em mim,eis que faço de ti o mais corajoso dos homens.Sempre haverá sofrimentos ,desafios e fracassos em sua vida.O que vai mudar com minha presença é a forma de lidar com eles.Comigo,será sempre otimista,perseverante e dedicado a seus projetos.Compreenderá que nem sempre podemos ter tudo mas o que conseguires deve ser grato ao meu pai.Saiba que ele quer o melhor para ti e eu também.Continue praticando meus mandamentos e as bênçãos cairão em sua família.Primeiro procure meu reino e todas as outras coisas lhe serão acrescentadas.

Há um tempo de aprendizado na vida de cada uma pessoa chamada "Noite escura da alma".É um período de pecado,de deserção,de desespero,de trevas que parecem nunca acabar.Porém,ainda não é o fim.No momento certo mandarei meu anjo e ele vos tirará da lama e mostrará a minha luz.Se me aceitares como seu salvador pessoal,eu transformarei sua vida de tal maneira que só terá sucesso e felicidade.Viverá em comunhão comigo e entenderás exatamente o que quero para sua vida.

A relação entre o fiel e seu Deus

1. "Eis que sou sua esperança,cidade fortificada que o inimigo não pode alcançar ou derribar.Venha,meu filho,não temas mal algum.Ao meu lado,juntarás apenas vitória,sucesso e felici-

dade.Não se preocupe com nada,tudo está resolvido e dentro do meu planejamento.Eis que sou paciente e conheço vossos caminhos desde o princípio.Você pensa que não sofro ao ver vós cair,me trair com ídolos e caminhando nas trevas?Como criei tudo,sei que isso é apenas uma fase transitória.Sei que a dor o trará até mim pois eu sou a única resposta para seus problemas.Eu sou Javé e esse nome tem poder como nenhum outro existente.Eu esbagaçarei a cabeça da cobra para que ela não te prejudique em nada.Basta ter fé em meu nome e nos meus filhos.Eis que estarei lhe esperando de braços abertos o tempo que for necessário."

2. "Nada pode contra mim.Eu sou a força mais poderosa que existe em todo o universo visível e invisível.Portanto,não se submeta a nenhuma outro poder além de mim.Apesar de ser gigante em soberania e poder,eu amo você como ninguém nunca te amou.Eu me preocupo contigo,em cada sofrimento,dor,revolta,desespero,inconstância e fracasso.Mesmo que não percebas,eu estou sempre ao seu lado motivando-o e mantendo acesa sua chama de esperança.Eu sou aquela voz interior o qual diz que tudo vai melhorar e ficar bem apesar dos pesares.Eu sou teu Deus e único digno de confiança para guardar teus segredos.Eu sou verdadeiramente tua rocha,escudo e fortaleza."

3. Estou em um mau momento.Eu confesso que pequei,senhor,destoando o direito e a vossa justiça soberana.Minha vida agora está totalmente obscura envolta em traição,soberba,perdição,escuridão e pecado.Não me resta nada a não ser esperar o fim tenebroso,cair num poço profundo e nunca mais erguer-se ou morrer em guerras sem sentido.Ao me entregar completamente á perdição eis que ocorre uma grande surpresa:Ao invés de me condenar,o rei dos reis me perdoou e me deu uma chance de mudança.Enviou seu Anjo,apagou as trevas e recolheu-me no seu celeiro como filho pródigo.Ele me ensinou que a dor passada já não existe e que acredita em mim.Este crédito de alguém é muito importante num momento difícil.Foi a força que me elevou e me tornou um homem do bem.Voltei a

caminhar na luz.Com meus novos valores,minha existência mudou completamente e agora só vejo felicidade,confiança e esperança ao meu redor.Eu sou o Filho de Deus em verdade.Eu posso transmitir esta boa nova para todos os meus irmãos pecadores.Creiam que se ele mudou minha vida ele poderá fazer a mesma coisa com vós.Mantenham-se firme,irmãos!

4. "Em verdade quando a humanidade descobrir o verdadeiro sentido de ajudar o outro ele chegará próximo da perfeição.Enquanto as mentes humanas são egoístas e buscam um sistema mútuo de troca de favores eu estou além disso.Em todo o lugar,o bem e o mal,o justo e o injusto estão presentes e nem por isso deixarei de atender o vosso clamor por melhores condições de vida.Quando eu dou sol e chuva,eu vos dou para bons e maus não excluindo ninguém.Se querem almejar a perfeição,façam a mesma coisa pelos amigos e inimigos.Se fizeres isso,serás verdadeiramente meu filho e o céu lhes será dado como justa recompensa."

5. Meus inimigos reúnem-se em conchavo contra mim e minha família.Eis que são numerosos e poderosos como tanques de guerra cercando-me por todos os lados.Neste momento,vejo toda a obra que o criador realizou na minha vida e não temo pois junto comigo estás.Ainda que todo o inferno se levantasse contra mim eu não correria risco algum de vida pois o Senhor dos Senhores toma minha causa.Seu nome é santo e perpetuado de geração em geração.A ele toda honra,glória,brilho e adoração por direito!

Oração dos trinta

Eu vos peço vossa proteção pessoal Senhor Javé em todos os meus trabalhos pessoais e profissionais.Assim como os trinta bravos soldados protegiam Davi dos oponentes,que trinta anjos de tua guarda cerquem meus caminhos:Oito ao norte e ao sul,sete ao leste e ao oeste.Que nada escape a sua luz divina e sua inspiração preencham completamente meu ser.Que eu saiba tomar as medidas certas direcionadas ao meu sucesso pessoal e em colaboração ao meu próximo.Que eu sinta a dor de cada um e de alguma forma tente mudar a situação adversa.Que assim como eu faço o bem sempre que a luz rodeie meus projetos.Que eu permaneça incondicionalmente na fé em ti e por um mundo melhor.Amém.

Um Deus compassivo

Eu sou a essência da Terra,o espírito que sopra dali para acolá mas ninguém sabe de onde vem nem para onde vai.Eu sou a origem,meio e fim de todas as coisas.Por mim,tudo foi criado e se sustenta.Por muitas vezes fui registrado na história humana como um Deus vingativo,rancoroso e impaciente mas tudo isso é um engano.Os humanos me pintaram por suas próprias vontades e colocaram meu nome justificando guerras,discórdias e desgraças.Eu juro por mim mesmo que não sou assim.Eu sou supremo e evoluído de tal forma que nenhuma mente humana ou angélica jamais hão de entender.Verdadeiramente quem me conhece são meus filhos amados.Com seu exemplo eles demonstram que sou amor,misericórdia,compreensão,justiça,perdão,união,cooperação,tolerância,amizade,entrega,doação,poder,glória e caridade.Não se enganem com falsos profetas que só querem tirar proveito dos fiéis.

O modo de agir que Deus quer

Enquanto os homens buscam sua própria glória e a queda dos inimigos,eu busco a felicidade geral de todos.Façam como eu.Procurem consolar quem te maltratou,procure perdoar quem te feriu,procure orar por quem lhe caluniou,procure ajudar quem lhe negou assistência no momento mais difícil,procure amar o inimigo como se fosse amigo.Em verdade se fizerdes isso terá um lugar cativo no céu como comandante de milhões pois meu espírito está contigo,alguém que se importa com bons e maus.

O sangue humano

Oh,como me dói,quanto sangue derramado em meu nome,em nome do poder e por causa da ira dos homens.Se vocês soubessem o valor duma vida não agiriam dessa forma.Maldito aquele que mata seu próximo por qualquer motivo!Que minha ira caia sobre sua cabeça e que não tenha paz nem de dia nem de noite pelo resto de sua vida.Bendito seja os pacíficos e mansos de coração pois é deles o meu reino.

As duas prostitutas e o caso da disputa do menino(1 Reis,3,16-28)

Neste exemplo prático demonstra-se claramente o amor de mãe que é capaz de renunciar ao próprio filho a fim de preservar-lhe a vida.Assim Javé age também conosco.Mesmo sabendo que longe dele estaremos em perigo e infelizes ele respeita a nossa escolha.A ele reserva-se a esperança de que tomemos juízo e voltemos ao seio da luz.Neste instante,todo seu passado por mais obscuro que seja será esquecido.Esta é uma promessa do meu pai.

Um templo para mim

Eu sou Javé e não habito em obras fabricadas por mãos humanas.O templo deve ser um lugar de recolhimento e oração como qualquer outro lugar.Eu busco habitar nos seres humanos bons e portanto exijo dos meus servos uma retidão imaculada.Cuidem de sua vida e de seu próprio corpo pois estes verdadeiramente podem tornar-se meu templo.

A questão de sacrifícios de animais

Eu sou o Deus da vida e não permito que minha adoração seja relacionada à morte de animais inocentes.Eis que toda vida é importante,de uma reles bactéria até o mais elevado dos homens.A vida para mim é sagrada e não deve ser desperdiçada de forma alguma.

Não há ninguém como eu

Que o homem não siga ídolos ou tenha fé neles pois só há uma força capaz de salvar e esta força sou eu.Sou eu que concedo a vitória aos guerreiros e nos fracassos sou a voz interior que os consola.Eu sou o poder e a fé dos doentes em dias melhores ou até mesmo em uma passagem serena para o mundo espiritual.Eu sou a mão amiga que socorre o desempregado,o órfão,a viúva,o mal amado e o morador de rua.Eu sou o amor entre casais e a força que restabelece a união deles em tempos difíceis.Eu sou o amor de mãe o qual nunca cessa.Então não venham creditar a mim os infortúnios e desgraças da vida.Eu só busco o bem geral de todos e se por acasos colhes agora tempestade ,isto foi fruto de suas próprias escolhas.

Uma promessa

Eu cumprirei minha promessa diante de ti,ao justo darei sucesso,felicidade,fortuna espiritual e proteção dos anjos em todos os momentos.Em contrapartida os infiéis desaparecerão da terra e habitarão o lago de fogo e enxofre o qual lhe foi destinado desde o princípio.Não me tomem como um Deus tirano,eu sou apenas justo.Não podem conviver num mesmo lugar as ovelhas e os lobos.Eis que sou o guarda celestial das almas puras ,o valente de Davi .Batalharei com meus anjos contra a sedução de satanás e o derrotarei de uma vez por todas.O tempo dele está chegando ao fim e por isso ele tem muito ódio do bem em si e dos eleitos.

Você tem valor

Não se deprecie nem se rebaixe diante do inimigo.Saiba que seu valor é inestimável para mim.Cada qualidade é apreciada e incentivo o ser humano a corrigir seus defeitos procurando evoluir sempre.Este é o sentido da vida junto com o amor.Sei o tamanho dos seus problemas,os seus medos,suas desilusões,decepções,frustrações e carências.Eu sou teu Deus e o conheço completamente.Trabalhe intensamente com otimismo,tenha uma boa relação familiar ,com amigos e principalmente confie em meu nome.Dentre estes,eu sou o único que não irei te abandonar seja você quem for.Eu sempre alimentarei tua esperança para que quando chegue o momento certo realizes seus sonhos.

Onde está a fé?

O homem justo deve ter além das obras uma fé inabalável em tudo o que eu represento.Esta fé é representada através da oração.Esta é a estreita ligação entre a criatura e o criador onde poderei escutá-lo e analisar as possibilidades.Você não é pequeno,creia nisso.Não é necessário intermediação dos santos para comunicar-se comigo mas se o fazes de bom grado não te julgo.Eu só quero dizer que deves ser confiante o suficiente para abrir seus desejos diretamente a mim como numa relação de pai e filho.Eu juro por mim mesmo que ninguém ficará sem resposta da minha parte seja ela negativa ou positiva.

Oração da Justiça

Senhor Deus,poder máximo que circula no universo,eu vos peço discernimento de maneira que minhas ações sejam sempre boas e em cooperação para o bem do próximo.Não me permita tomar um caminho mau e distorcer o direito de qualquer um dos pequeninos deste mundo.Peço também sucesso nos meus empreendimentos na medida do meu merecimento.Que o vagabundo não tome a vaga do trabalhador em tua mesa e que os teus julgamentos retribuam o que cada um fizer na terra.Enfim,não permita a perpetuação do erro em nenhuma instância.Amém.

Do Egito chamei meu filho

Todo aquele que tem o nome escrito no livro da vida me pertence e mesmo que num momento se dispersem praticando a injustiça e vivendo a escuridão de valores eu farei de tal forma que seu coração voltará para mim e nos reconciliaremos.Vê Israel no Egito?Com mão forte libertei meus filhos da escravidão e lhe dei uma terra espaçosa onde corre leite e mel.Também o farei da mesma forma com qualquer nação,grupo ou pessoa que se entregar sinceramente aos meus cuidados.

Uma explicação

Alguns homens humildes moradores do Sertão Brasileiro costumam comentar entre si sobre o regime das chuvas e atribuir a mim estas funções.Quero aqui explicar que a terra já é pré-programada em suas atribuições e não interfiro em eventos naturais.Como se explicaria meu profundo amor para com o ser humano se eu deixasse milhões sofrerem sem comida ou água?Não,definitivamente este conceito está completamente errôneo.Responsabilizem os governos por não usarem de medidas preventivas que atenuem os efeitos da seca ou enchentes.Com a tecnologia avançando,já é possível prever a precipitação média de chuva do ano e preparar-se.

As guerras

As guerras servem aos objetivos dos grandes da terra em busca de mais poder.Vidas sacrificadas,sangue humano derramado e famílias destruídas são conseqüências desta.Eu não aprovo nem sou um Deus de Guerras.Eu sou o príncipe da paz.Orem para que o mundo não caia numa terceira guerra mundial pois devido as armas letais já existentes as conseqüências seriam imprevisíveis.

Eu ainda creio

Milhões estão revoltados comigo matando,roubando,trapaceando,estuprando e cometendo outros atos vis.Eis que coloco-me a disposição para ouvi-lo e direcioná-lo ao meu Caminho.Não há caso impossível para mim.Eu sei que dentro de ti há ainda uma semente boa prestes a germinar porque ninguém é completamente mau.O que existem são pessoas frustradas por não atingirem seus objetivos pessoais ,e,portanto,concentram-se em praticar o mau como se os fins justificassem os meios.Chegará um momento que sua alma refletirá e reconhecerá o abismo em que caiu e é neste instante que quero dar-te meu apoio e minha confiança.Se arrependeres sinceramente dos seus pecados e buscares uma mudança eu vos tornarei uma alma redimida.Todo o passado será esquecido e escreverás uma nova história cheia de esperança.Com o bem que ainda farás pagarás toda sua dívida e entrarás no meu reino pela porta da frente pois desejo salvar todos.Que assim aconteça.

Tenha fé

Eis que estou aqui para ouvi-lo e orientá-lo,Eu sou teu Deus.Não me importa o que passou nem os nossos desentendimentos mais sérios.Creia que invocando meu nome terás uma resposta concreta em relação a suas aspirações.Eu nunca vos abandonarei nem vos decepcionarei.Diante de um grande problema,mostre o gigantismo de seu Deus.

A pequenez do homem

"Mesmo que o homem pelos próprios esforços alcance riqueza,dignidade e esplendor ainda assim não está seguro.Em verdade vos digo,feliz é o ser humano que anda pelos meus caminhos de idoneidade,retidão e justiça.Este sim é casa de pedra que os ventos e tempestades não poderão derribar.Prometo a felicidade na terra aquele justo que respeita meu nome e não aquele que se glorifica com o que tem pois os verdadeiros bens são aqueles que representam as obras".

Não se entregue a malícia do inimigo

"Inúmeras vezes sofremos perseguições por parte das entidades espirituais do mal.Nestas oportunidades devemos mostrar nossa fidelidade,segurança e fé em Javé.Por mais vantagens que a proposta do inimigo nos ofereça ela só nos trará em consequência a infelicidade e a perdição.Prefira ser um fracassado em Javé do que um vencedor com o demo pois o fracasso pode torna-se uma vitória na hora certa cumprindo assim o plano do senhor em nossas vidas."

O leão de Davi

Está tudo conforme a vontade de meu pai.A roda da vida vai girando e os que estão comigo agora não estarão mais daqui a um tempo.Eis que vim a terra trazer-lhes a paz em nome do altíssimo.Eu sou o valente de Davi,aquele que vai reconstruir um reino perdido durante o passar das gerações.

Eu sou a legião dos espíritos do bem,eu sou o amor supremo que desceu ao planeta com objetivo de reunir as ovelhas desgarradas.Eu me apiedo delas e vim colocar-me face para que vejam minha glória assim como ocorreu nos tempos antigos.Não me importa se serei novamente rejeitado,quem faz isso não tem seu nome escrito no livro da vida.Os meus servos me reconhecerão e crerão em meu nome.

Meu reino é um lugar de paz,recolhimento e felicidade imensuráveis.É o local destinado ao descanso dos justos.Eis que vos convido a participar dele seja de qual credo faça parte.O que eu procuro são pessoas engajadas no serviço ao próximo visando o bem geral e a evolução do planeta.Quem é seu próximo?São os mais necessitados de carinho e de atenção como os doentes,os órfãos,as viúvas,os moradores de ruas,os prostitutos e todas as minorias oprimidas.Fazendo o bem a estes,é o mesmo que fazeres a mim.

O justo não se perverte

Minha alegria está em servir ao meu senhor,em cumprir suas normas,preceitos e sempre buscar fazer o bem ao próximo.Nada deste mundo pode pagar ou comprar esta realização.O dinheiro para mim é apenas um meio de sobrevivência,não mais do que isso.Uma coisa má pode tornar-se boa conforme o destino que lhe é dado.Logo,se Deus lhe deu as condições,use os bens materiais para socorrer os mais necessitados.

Diga não a idolatria

Eu sou Javé.Sou o início,meio e fim de todas as coisas.Tudo foi criado para o bem e pelo bem.Pelo meu grande amor ás criaturas,permiti o livre arbítrio para que o ser humano traçasse seus próprios planos.Confesso que isto foi a causa dos males mas isto também estava no planejamento.

Ninguém me conhece a não ser meus filhos amados e é através deles que vos falo.O que me irrita profundamente na terra é a idolatria cega a entes incapazes de transformar as relações.Como um cego guiará outro cego?Reconheçam meu poder e soberania que pode ser vista nas minhas próprias obras.Em verdade,não há poder,força ou autoridade além de mim.Eu sou onipotente,onisciente,onipresente e onisentimentalmente.Eu sou o Deus que salvou Israel da escravidão Egípcia .No meu dicionário não existe a palavra impossível.Independente de seu receio,confie seus problemas a mim e eles terão resolução pronta não conforme sua vontade mas segundo o destino preparado para tal.

Deus proverá

Eis que havia numa região de Israel uma mulher divorciada e seus dois filhos.Esta mulher era sempre temente a Deus colocando em práticas seus preceitos e leis.Nos tempos de boa fartura,ela sempre se precavia e deixava uma reserva para o restante do ano.Porém,no ano corrente havia uma precariedade de chuvas e a colheita foi exígua.Dos seis meses restantes de seca,só havia comida para três meses.A situação tornou-se precária em todo o país e a cada dia que passava as esperanças da viúva se esgotavam.

Na semana em que seus víveres se acabariam,chegou a sua casa batendo na sua porta um pobre mendigo pedindo refeição com água.A mesma estremeceu-se por dentro devido as suas poucas condições em poder ajudar.Era uma escolha muito difícil a ser feita,entre o mendigo e a sobrevivência de seus próprios filhos.Porém,pelo fato de ser temente a Javé não negou-lhe ajuda e repartiu com ele o restante o que tinha sem pensar nas consequências.

Feita a caridade,o mendigo foi lhe embora agradecendo e abençoando seu feito.No outro dia,ela saiu a procura de alguma ocupação que lhe desse um mínimo de sobrevivência.Procurou nas vilas próximas de sua residência.No entanto,por mais que insistisse,ninguém pode ajuda-la pois estavam sofrendo com as mesmas dificuldades.Voltou para casa triste e conformada com o fim.

No meio do caminho de retorno para casa,caiu desolada no meio da floresta sem ter coragem de chegar em casa e assistir o martírio de suas crianças com fome e com sede.Chorou incessantemente.No meio da sua armagura,um braço tocou-lhe e pediu com doçura para que ela levantasse.Ela o fez e ficou diante de um jovem de meia idade,barbudo,negro,altivo,com chagas nos pés,nas mãos e nos braços.Ele então comunicou-se com ela:

—Não temas minha filha.Eu vi o que você fez por aquele mendigo.Suas boas ações chegaram até meus ouvidos no céu.Por isto,não faltará nem comida nem bebida para você e toda sua família enquanto viverem.

—Como será isso?

—Eu mesmo mandei meus anjos equiparem sua dispensa com produtos doados pelos meu servos fiéis do outro lado do país.Não tem com que se preocupar mim.Eu sou o Deus do impossível e ajo através das pessoas.O homem não tem com que se preocupar com comida ou bebida.Basta seguir meus preceitos e tudo com vosso próprio trabalho será acrescentado.

—Amém.Eu creio!

—Continue ajudando minhas ovelhas.

Dito isto,o homem desapareceu de sua frente como fumaça.Ela continuou sua jornada confiante,feliz e esperançosa.Chegando em sua morada,encontrou os filhos felizes contando que um mercador misterioso havia feito entregas de alimentos diversos justificando que tinha sido um presente enviado pelo rei.Ao verificar o montante na dispensa,ela verificou que a comida entregue era suficiente para sustenta-los por pelo menos um ano.Imediatamente ela deu glória a Deus por todos os benefícios concedidos esperando uma mudança total em relação ao outro ano.Que Deus coloque no mundo mais pessoas com o mesmo pensamento dessa viúva.

Uma pequenina luz em meios as trevas

Eis que desde jovem busco o caminho de javé dos exércitos em comprometimento com suas leis e normas.Durante todo este tempo que o sirvo nada me faltou em relação a comida,bebida e inteligência.O senhor é generoso,compreensivo ,bondoso e me coloca em segurança a todo o momento.Sou sua pequenina luz em meio de trevas porque verdadeiramente a maiorias das pessoas do mundo tornou-se um poço de maldade,egoísmo e falsidade.Contra uma falsa moralidade eu luto pela justiça,solidariedade,dignidade,liberdade e amor para com o próximo.Sou a seta que encaminha a um país de delícias onde o verdadeiro valor dum ser humano é medido pelo seu caráter e obras enquanto no mundo rege a lei do poder,da riqueza e da influência.Sigam-me e creiam em Deus pois ele tem palavras de vida.

O ser humano colhe exatamente o que plantou

Eis que sou um Deus generoso,bondoso e misericordioso.Entretanto,se o homem busca somente o mal prejudicando o próximo e agindo em proveito próprio eu juro por mim mesmo que não ficará sem castigo.Enviarei a peste devastadora,a doença e o desespero a todos os infiéis meus inimigos.Contudo,se houver ainda uma possibilidade de recuperação mesmo que pequena eu pouparei suas vidas.

Consulta aos espíritos do mal

Aquele que procura o mal visando saber o seu próprio futuro ou dos outros não tem uma conduta aprovada por mim.Se você está carente procure seus familiares ou amigos para desabafar e conversar sobre seus medos,vergonhas e aspirações.Ao homem cabe exercer seu papel benéfico na sociedade sem maiores preocupações.Sou eu que julgo cada um de vós e lhes dou os dons merecidos por vossas obras.Se queres consultar mesmo alguém converse comigo.Eu sou sua voz mais interior e saberei ouvi-lo com paciência e orientá-lo.Eu sou seu Deus e posso efetivamente realizar milagres nas situações que porventura exigirem.Creiam em mim,no meu poder e amor soberanos.

Minha memória permanecerá para sempre

A vida passa bem rápido e por isso tenho pressa de fazer a vontade do meu senhor.Eu não vim por mim mesmo,alguém superior me enviou a este mundo para que eu repassasse sua palavra exatamente como está escrito.Eis que desde sempre a terra geme na escuridão e eu venho trazer a luz divina.Quero promover o bem geral de maneira que os bons mandamentos prevaleçam entre os humanos.É um pouco utópico acreditar nisso mas tenho no fé no poder da palavra capaz de mudar e transformar vidas.Em mim as pessoas reconhecerão um modelo a ser seguido,totalmente aprovado pelo pai.Eu serei chamado de bem aventurado.

Minha meta é expandir minha vontade e a do meu pai por todo este mundo.As setas que irei traçar e meus ensinamentos darão paz e esperança as almas atormentadas e atribuladas pelas tempestades da vida.Em cada poço que se cai,podemos subir e superar as adversidades.A cada batalha vencida,o gosto da vitória produzirá ainda mais disposição de seguir em frente.Seguindo em frente o ser humano alcançará realizações e colherá os frutos.Meu maior fruto nesta terra são minhas obras que contém minhas palavras e a do meu pai.Esta obra permanecerá para sempre .

O valor da família

A família de sangue ou de coração é uma bênção para o indivíduo.São as pessoas que mais lhe são caras participando de todos os momentos importantes de sua vida.Cultue o bem estar e a harmonia com os seus.Assista-os nos bons e maus momentos.Amplie também seu leque de relacionamentos fazendo amizades verdadeiras.Se o outro não lhe corresponder não insista.Tenha amor próprio suficiente para entender onde exatamente você é bem quisto.

Eu transformarei sua vida

Meu nome é onipotente e a mim nada é impossível.Em colaboração com o livre arbítrio do ser humano posso agir e transformar o lodoso fel em pureza de uma criança.Eu sou a luz do mundo.Bendito é aquele que se coloca sobre minhas asas como medida de proteção.Eu prometo que nada vai atingi-lo e a vitória sobre os inimigos na terra.Vamos fazer deste mundo um lugar melhor e isso começa duma decisão particular de mudança interior que se extravasa para o exterior.

O milagre

Eu estou no mundo presente no coração das pessoas boas.Eu vivo e viverei para sempre entre vós.Não me procurem num céu longínquo,eu estou junto aos humildes,nas reuniões onde minha palavra é pregada e entre os grandes tentando influenciá-los para o bem.Não cairá uma folha duma árvore sem meu consentimento o que não quer dizer que isso justifique as maldades.O mal é proveniente de corações ruins e paga suas conseqüências no tempo devido.

Mesmo eu estando constantemente agindo ás vezes tenho que realizar milagres para convencer corações duros de que sou Deus.Ou ainda os realizo para corrigir injustiças e promover o bem.Em todas as ocasiões o justo não será desamparado.

A saúde

A vida é uma grande dádiva de Deus.Somos criados com o intuito de cooperarmos para o bem geral e a evolução do planeta que ainda está em caos.Neste caminho temos vitórias,derrotas,momentos de felicidade,fraqueza,desespero,estabilidade,indecisão entre outros.Saber lidar com cada um destes fatores é primordial para uma boa estada na terra.Sem dúvida,o pior momento a que estamos sujeitos é a doença que muitas vezes castiga a alma de uma maneira muito dolorosa e cruel.Com certeza uma coisa que eu desejo para mim mesmo e para meu próximo é conservar a saúde porque tendo ela é mais fácil batalhar pelo resto.Quando chegar minha hora,quero morrer com saúde em motivo de causas naturais e tenho plena fé que serei atendido.

Tomar vantagem em nome do Senhor

Eis que distribuo de forma justa e merecida entre meus servos os meus dons.Meu propósito é que eles ajam de forma a auxiliar uns aos outros no intuito de evoluir.Há alguns porém que não seguem esta recomendação e usam meu nome de salvação tentando arrancar dinheiro dos seus servos.Em verdade vos digo que maldito seja quem fizer isso.Quando estava na terra eu nunca vos exigi nem que fosse só um centavo em troca de minha ajuda ou milagres.Pelo fato de eu ser a personificação do amor,justiça e misericórdia jamais eu me prestaria um papel desses.Não há riqueza neste mundo que pague meu amor pela humanidade.

Destino

O destino divide-se em dois entendimentos principais.Um deles é que os acontecimentos futuros são conseqüências dos seus atos e planejamento do presente e o outro é o destino traçado que deverá acontecer de uma maneira ou de outra.Ambos se complementam formando em si a trajetória do homem.

O assassino

Todo aquele que desviar o curso natural da vida independente de justificativa será um maldito de Javé.Onde quer que vá não terá paz nem de dia nem de noite e seus frutos serão ruins.Seus dias serão abreviados na terra e se não cair pelo sangue cairá pela traição.

Aos governantes

Prometo a benção e orientação ás autoridades justas e tementes ao meu nome.Proporcionarei riqueza,prosperidade,estabilidade e boa administração.Aos rebeldes,eu permitirei a sua queda e declínio.O homem pode até dirigir fisicamente mas a mão mestra de tudo sou eu.

O amor pode virar ódio

Eis que sou o senhor de todas as coisas.Tenho amor infinito por cada um ser gerado através das minhas entranhas.Entretanto,se alguns destes desviar-se e não reconhecer minha glória eu o tratarei da mesma forma.Esquecerei que um dia os gerei e os entregarei ao poder do ferrão da morte.Eu permitirei a sua ruína até que um dia por livre espontânea vontade queiras mudar.Neste dia,será novamente como um filho para mim.

A descendência de cristo

O messias foi um instrumento meu para atingir a redenção da humanidade.Seus descendentes estão espalhados aqui e acolá perpetuando sua memória de geração a geração.Eles habitarão a terra enquanto a vida permanecer proclamando sua glória e sua palavra.

Busque a verdadeira felicidade

Algumas pessoas concentram-se em buscar o prazer pessoal,a

riqueza,o poder,o status social,influência e políticas a seu favor.Em verdade vos digo que nenhum destes o levará a felicidade plena.Sua felicidade está onde repousa o seu tesouro e se este for fazer a minha vontade todas as outras coisas vos serão acrescentadas por merecimento.

Você crê?

A vida é um grande emaranhado de confusões e desentendimentos.Muitas vezes ela castiga severamente o justo deixando-lhe praticamente sem nada .O que fazer nestas situações?Não devemos desistir e entregar-se ao fracasso,isto é para os fracos.Eu,o pequeno sonhador,sou exemplo vivo do que o impossível não existe.Mesmo diante de uma noite escura da alma profunda meu pai libertou-me e me fez um verdadeiro vencedor.Sinto-me desta forma pela idoneidade,dignidade,verdade,transparência e amor que tenho para com meu próximo.Se queres,também posso lhe dar um crédito de confiança.Assim como o pai me ressuscitou ele poderá fazer a mesma contigo se creres no que eu prego e no nome santo.Poderemos começar do zero de novo,construir uma nova história e sermos felizes.

Eu quero orar por você

Se você sente-se angustiado e necessitado de proteção celestial eu posso ajudá-lo.Constantemente pessoas pedem que eu ore por elas em situações difíceis e os resultados são animadores.Já alcancei vários favores celestiais.Vamos fazer uma corrente de oração,uns orando pelos outros e teremos mais força.O que o pai não faria pelo filho?Se vocês que são maus já dão coisas boas aos filhos imagine o pai celestial que é santo?É só pedir comigo.Então orarei todos os dias a oração abaixo ordenando minhas entidades que os protejam.

Eu vos invoco,Miguel Arcanjo e legiões subordinadas,para que nos protejam de toda adversidade material e espiritual.Pela realeza,poder e soberania de Javé eu vos peço a pronta ação no combate aos inimigos do corpo e da alma.Que nada possa nos atingir e que sua luz e espada flamejante sejam a garantida disso.Peço-vos especialmente que um anjo guardião proteja fulano(Dizer o nome da pessoa) e o acompanhe em suas atividades na terra para que ao tropeçar em pedras ele possa reerguer-se e dar a glória de Deus juntamente com vós.Amém.

Não sejam injustos

A vida é feitas de momentos bons e ruins que ás vezes ferem penosamente a alma humana.È comum entre os humanos dizer que foi da minha vontade.Eis que vos digo que isso é uma tremenda injustiça.Em nenhum momento por minha vontade o mal prevaleceu ou se fez materializar.O que acontece são acasos do destino em que eu não tenho responsabilidade nenhuma.O que eu quero para meus filhos é sucesso,saúde e felicidade e tudo o que for de ruim não é da minha conta.

A lei verdadeira

"Cada ser humano que está na terra foi designado para uma função importante de equilíbrio no universo.Cada um deles recebeu dons e motivação para que pudessem evoluir e frutificar seus trabalhos.Alguns submetem-se a minha vontade,buscam cumprir os mandamentos e perpetuar o bem na terra.Eles plantam amor e misericórdia colhendo saúde,felicidade e sucesso.Isto ocorre por retribuição de suas obras e quanto mais o fizer maior será seu crédito junto a mim.Isto justifica o o ditado que diz:Só tem descanso nos céus aquele que descansar seu irmão dos trabalhos.

Há alguns outros para não dizer a maioria que são autossuficientes,orgulhosos e egoístas.Por fora,pregam a paz mas por dentro são leões famintos.Eles plantam espinhos e colhem tempestades,fogo e desespero.São todos aqueles que não tem o nome escrito no livro da vida buscando atrapalhar a vida dos justos.Eis que no meu dia eu os separarei do meu rebanho e só sobrará palha.O homem é o sal da terra e se ele perde o gosto do que vale?Ou ainda o que ser humano pode dar em troca de sua alma?Observem suas obras e tomem um novo rumo enquanto tem tempo para isso.

A questão dos sacrifícios

Não adianta oferecer sacrifícios e permanecer com as mesmas atitudes.Quero uma mudança de vida onde a ovelha desgarrada reconhece o abismo em que se jogou e prometa nunca mais pecar.Se assim decidires terá certamente minha bênção,proteção e perdão.

Lembre-se sempre de mim

Lembre-se sempre de mim,seu criador antes que o mal lhe acometa e você não me reconheça mais.Eu estarei a todo o momento com vós,na vida terrena e eterna.Basta apenas que você se entregue de corpo e alma a minha causa.Eu saberei compreender suas falhas e abençoá-lo pois sou teu Deus.Acredite mais nas forças do bem.

FIM